토니오 크뢰거

부클래식
036

토니오 크뢰거

토마스 만

이온화 옮김

부북스

차 례

1

소도시의 하늘을 덮고 있는 두꺼운 구름층들 뒤로 우윳빛의 겨울 해가 희미하게 빛나고 있었다. 삼각형 지붕의 건물들이 일렬로 늘어서 있는 골목들은 촉촉이 젖어있고 바람도 불고, 종종 얼음도 눈도 아닌 싸라기눈이 날리고 있었다.

학교가 파했다. 이제 막 해방된 학생들이 네모난 돌로 포장된 운동장을 지나 쇠창살 교문 밖으로 우르르 쏟아져 나와서는 몇 명씩 무리지어 서둘러 좌우로 흩어졌다. 키가 큰 학생들은 거들먹거리며 책가방을 왼쪽 어깨 위에 걸치고, 바람을 거슬러 노를 젓듯이 오른 팔을 흔들어대며 점심 식사가 준비되어 있는 집을 향해 갔고, 키가 작은 학생들은 즐겁다는 듯 종종걸음을 쳤는데, 그 바람에 얼음팥죽이 사방으로 튀겼고 물개 가죽 책가방 안에 들어있는 온갖 학용품들이 덜거덕거렸다. 그러다가도 학생들은, 털 모자를 쓰고 제우스 턱수염을 한 주임선생님이 뚜벅뚜벅 걸어가는 모습을 보더니, 여기저기서 모자를 벗고 공손하게 인사를 했다.

"한스, 이제 오니?" 도로에 서서 한참을 기다리고 있던 토니오 크뢰거가 말했다. 다른 학교 친구들과 이야기를 나누며 이제 막 교문을 빠져 나온 친구에게 토니오가 웃으며 다가갔다. "무슨 말이야?" 한스는 이렇게 물으며 토니오를 쳐다보았다. "아아, 그렇지! 그래, 우리 조금이라도 같이 걸어가자."

이에 아무런 대꾸도 하지 않는 토니오의 눈빛이 흐려졌다. 한스는 오늘 오후에 함께 산책하기로 한 약속을 잊고 있다가 이제야 생각해냈단 말인가? 그런데 그 자신은 이 약속을 한 이후로 내내 단 한시도 잊지 않고 얼마나 기뻐하며 기대했었단 말인가!

"자, 그럼 얘들아 잘 가!" 한스 한젠이 친구들에게 말했다. "난 크뢰거와 함께 좀 걸어야겠다." 그런 다음 둘은 왼쪽으로 방향을 틀었고, 다른 친구들은 오른쪽으로 거들먹거리며 걸어갔다.

한스와 토니오는 학교가 파한 뒤에 산책할 시간적 여유가 조금 있었는데, 두 사람의 집은 모두 오후 4시나 되어야 점심 식사를 했기 때문이다. 둘의 아버지는 큰 상인들로, 공직도 겸하였고, 그 도시의 세력가들이었다. 한젠 가문은 이미 여러 세대 전부터 저 아래 강가에 광활한 목재 적재장을 소유하고 있었고, 그곳에서는 거대한 기계톱들이 탁탁 칙칙 소리를 내며 통나무들을 자르고 있었다. 토니오는 크뢰거 영사의 아들이었다. 사람들은 크뢰거 영사가 경영하는 회사의 큼지막한 검정 스탬프가 찍힌 곡물 자루들을 가득 실은 마차가 매일 덜컹거리며 거리를 지나다니는 걸 볼 수 있었다. 크뢰거 가문의 가족들이 대대로 살고 있는 고풍스런 대(大)저택은 이 도시 전체에서 가장 훌륭했다. 두 친구는 그들을 알아보는 많은 지인들에게 연신 모자를 벗고 인사를 해야 했는데, 꽤 많은 사람들은 이 14살짜리 소년들에게 먼저 인사를 건넸다.

두 친구는 책가방을 양 어깨에 당정하게 메고 있었고, 둘 다 따뜻하고 품질이 좋은 옷을 입고 있었다. 한스는 해군복 스타일의 짧은 반코트를 입었는데, 그 위로 역시 해군복 상의의 넓고 파란 깃이 어깨와 등 너머로 늘어져 있었다. 토니오는 허리에 벨트를 맨 회색 외투를 입었다. 한스는 짧은 리본들이 달린 덴마크식 선원 모자를 쓰고 있는데, 그 밑으로 연한 금발의 머리카락 뭉치가 삐져 나와 있었다. 그는 아주 잘 생기고 체격도 좋았다. 어깨는 넓고 허리는 잘록했으며, 양미간은 넓고, 눈은 예리하게 반짝이는 강철처럼 파랬다. 그에 비하면 둥근 모피 모자를 쓰고 있는 토니오 얼굴의 윤곽은 날카롭고 남국적이었으며 갈색 빛이 돌았다. 그리고 너무 무거워 보이는 눈꺼풀과 부드럽게 그늘진 검은 두 눈은 모자 아래에서 꿈꾸는 듯, 약간 수줍은 듯 밖을 내다보고 있었다. 그의 입과 턱은 유난히 부드러워 보였다. 그는 마음 내키는 대로 아무렇게나 걷는 반면, 한스는 검은 스타킹을 신은 날씬한 두 다리로 아주 탄력 있게 박자를 맞추듯 성큼성큼 걸었다.

토니오는 말이 없었다. 그는 마음이 아팠다. 약간 비스듬히 기운 양 눈썹을 모으고 입술은 휘파람을 불듯 둥글게 모은 채, 고개를 옆으로 하고는 먼 곳을 바라보았다. 이런 자세와 표정은 그만의 독특한 것이었다.

갑자기 한스가 토니오의 팔짱을 끼며 옆에서 그를 빤히 쳐다보았다. 그는 지금 이 순간의 문제가 무엇인지를 잘 알고 있었기 때문이다. 토니오는 여전히 말이 없긴 했지만 몇 걸음을 더 걷고 나자, 갑자기 그의 기분이 상당히 누그러졌다.

"내가 완전히 잊고 있었던 것은 아니야, 토니오." 한스는 이렇게 말하고 자기 발아래의 보도를 내려다보았다. "이렇게 땅이 젖어있고 바람이 불어서 오늘은 산책하기 좋지 않을 수도 있겠다고 생각했을 뿐이야. 하지만 난 괜찮아. 이런 날씨에도 네가 나를 기다리고 있었다니 정말 멋진 일이야. 난 네가 벌써 집으로 갔다고 생각하고 화가 났던 참이었어…"

이 말을 들은 토니오는 속으로 뛸 듯이 기뻤다.

"그럼, 이제 둑길로 걸어가 보자!" 그는 감동한 목소리로 말했다. "물레방아 둑길로 해서 홀스텐 성문까지 이어지는 둑길로 걸어가자. 내가 너를 집에 데려다 줄게, 한스…. 괜찮아, 나중에 나 혼자 집에 가는 것쯤이야 상관없어. 다음에는 네가 나를 데려다 주면 되잖아."

사실 그는 한스의 말을 액면그대로 다 믿지도 않았고, 한스가 이 산책에 대해 생각하는 비중이 자기의 반 정도밖에 안 된다는 것도 정확하게 느꼈다. 그러나 그는 한스가 그와의 약속을 잊은 걸 뉘우치고 있고, 그와 화해하려고 노력하고 있다는 것을 알아차렸다. 그리고 그는 화해하려는 한스의 노력을 물리칠 마음은 더더욱 없었다.

문제는 토니오가 한스 한젠을 사랑했고, 한스로 인해 이미 많은 아픔을 경험했다는 것이다. 더 많이 사랑하는 사람이 패배자이고 고통을 당할 수밖에 없다는 이 단순하고 가혹한 교훈을 14살짜리 영혼은 이미 터득했던 것이다. 그는 이런 아픈 경험들을 의식적으로 기억했는데, 다시 말해서 마음에 새겨두고 거기에서 어느 정도 기쁨을 느끼기도 했다. 그렇다 해도 그는 자신을 일부러 그런 감정 상태로 몰아가고 거기에서 실질적인 이득을 보려는 그런 성격의 소유자는 아니었다. 그는 학교에서 강요하는 지식보다 이런 삶의 교훈들을 훨씬 더 중요하고 흥미로운 것으로 여겼다. 그래서 그는 고딕 양식의 아치형 교실 안에서 이루어지는 수업시간에도 대개는 이러한 통찰들을 철저하게 느끼고 끝까지 생각하는 데 몰두하곤 했다. 이렇게 몰두하다보면 그는 자기 방에서 바이올린(그는 바이올린을 연주했다)을 들고 왔다 갔다 하면서 될 수 있는 한 부드러운 소리를 내어서 저 아래 정원의 오래된 호두나무 가지 아래에서 춤을 추듯 솟아오르는 분수의 찰랑거리는 물줄기 소리에 화음을 넣어줄 때 느끼는 것과 아주 비슷한 만족감을 느꼈다.

분수, 늙은 호두나무, 바이올린 그리고 저 멀리에 있는 바다, 방학이면 가서 들을 수 있는 여름날의 꿈꾸는 발트 해. 그는 이러한 것들을 사랑했다. 말하자면 그는 이러한 것들에 둘러싸여 있었고, 그의 내면의 삶이 이러한 것들 사이에서 펼쳐지고 있었고, 시를 쓸 때 이러한 것들을 효과적으로 사용할 수 있었는데, 실제로 그가 가끔 완성하는 시에서 반복적으로 울렸다.

그가 자작시들을 적은 노트를 가지고 있다는 사실이 그 자신의 실수로 알려지게 되었는데, 그 바람에 그는 동급생들에게뿐 아니라, 선생님들에게까지도 곤혹을 치러야했다. 크뢰거 영사의 아들은 한편으로, 자신은 그들의 태도가 어리석고 비천한 짓이라 여기고, 동급생들뿐 아니라 선생님들까지 경멸했다. 그렇지 않아도 그는 그들의 예의에 어긋난 행동들을, 그들의 개인적인 약점들을 이상할 정도로 훤히 꿰뚫고 역겹게 여기고 있었다. 그러나 또 다른 한편으로는, 그 자신도 시를 쓰는 일이 방종한 짓이고, 사실 건방진 짓이라 느꼈다. 그래서 그는 그것을 이상한 짓이라고 여기는 이들 모두의 의견에 어느 정도는 수긍하지 않을 수 없었다. 그렇다 해도 이것이 그로 하여금 시 쓰기를 그만두게 할 수는 없었다.

그는 집에서는 빈둥거리고 수업시간에는 태만하고 산만했기에 교사들에게 나쁜 평을 받았고, 결과적으로 늘 비참한 성적표를 집으로 가져왔다. 이에 대해 그의 아버지, 파란 눈의 명상적이고, 깨끗한 옷을 입고 언제나 단춧구멍에 들꽃 한 송이를 꽂고 있는 키가 큰 신사는 대단히 화를 내며 걱정을 했다. 허나 토니오의 어머니, 검은 머리카락의 아름다운 어머니, 쿤수엘로라는 이름으로 불리던 어머니, 아버지가 어느 날 지도의 맨 아래쪽 어딘가에서 데려왔기 때문에 이 도시의 여느 부인들과는 전혀 다른 그의 어머니는 성적표에는 전혀 관심이 없었다.

토니오는 피아노와 만돌린을 기가 막히게 잘 연주하는 검은 머리카락의 정열적인 어머니를 사랑했고, 아들이 사람들에게서 이상한 취급을 받고 있는 사실에 대해서도 전혀 신경 쓰지 않는 어머니가 좋았다. 그러나 다른 한편으로 그는 아버지의 분노가 훨씬 더 위엄 있고 존경스럽다는 것을 느꼈다. 비록 아버지에게서 꾸중을 듣긴 했지만, 근본적으로는 아버지의 의견이 옳다고 여긴 반면에 어머니의 명랑한 무관심은 약간 태만한 것이라 여겼다. 이따금 그는 다음과 같이 생각하곤 했다. '나는 나인 것으로 충분해, 나를 고치고 싶지도 고칠 수도 없어, 느슨하게 살고 있고, 고집스럽고, 다른 사람들은 관심도 없는 것들에나 마음을 쓰고 있어. 적어도 이런 나를 진지하게 나무라고 벌을 주는 것이 마땅하겠지, 입맞춤이나 하고 음악을 들려주면서 적당히 넘어가서는 안 되는 일이겠지. 우리는 초록 마차를 타고 다니는 집시는 아니잖아, 점잖은 사람들이고, 크뢰거 영사의 가족들이고, 크뢰거 가문이고…' 그는 또 가끔 이런 생각도 했다. '나는 왜 이토록 이상하게 생겨먹어서 모든 사람들과 충돌하고, 선생님들과 사이가 나쁘고, 학교 친구들 사이에서는 왕따일까? 저 훌륭한 학생들과 의심이라곤 하지 않는 평범한 저 아이들을 좀 봐! 그들은 선생님들을 우습게 여기지도 않고, 시를 쓰지도 않고, 오직 모두가 생각하고 입 밖에 내서 말할 수 있는 것들만 생각해. 그들은 자신들이 아주 정상적이라고, 모든 세상사, 모든 사람들과 일치한다고 느낄 것이 틀림없어! 그러니 그들은 얼마나 좋겠어…. 그런데 대체 난 뭐지? 우리 모두는 앞으로 어떻게 될까?'

자기 자신을 성찰하고, 바깥 생활과 자신의 관계를 성찰하는 이런 버릇은 토니오가 한스 한젠을 사랑하는 데 중요한 역할을 했다. 그는 한스를 사랑했는데, 첫 번째 이유는 한스가 잘생겼기 때문이다. 다음으로는 한스가 모든 면에서 그 자신과는 정반대의 타입으로 여겨졌기 때문이다. 한스 한젠은 성적이 우수한 학생이었고, 게다가 영웅들처럼 승마도 하고 헬스도 하고 수영도 하는 체격이 좋은 소년이었고, 인기도 좋았다. 선생님들은 애정을 다해 그에게 호의를 베풀었고, 그를 친근하게 '한스'라고 불렀고, 모든 방법을 동원하여 그를 앞으로 이끌어주었고, 동급생들은 그의 환심을 사려고 애를 썼고, 거리에서는 신사들과 귀부인들이 그를 멈춰 세우고는 덴마크식 선원 모자 아래로 삐져나온 연한 금발을 만지면서 말을 걸었다. "안녕, 한스 한젠, 머릿결이 예쁘기도 하지. 여전히 일등이지? 멋진 도련님, 엄마 아빠에게 안부 전해주렴 …"

한스 한젠은 그런 애였다. 토니오 크뢰거는 그를 알게 된 이래로 그를 보기만 하면 동경을, 가슴을 짓누르며 불타오르는 질투심 섞인 동경을 느꼈다. '너처럼 그렇게 파란 눈을 하고, 너처럼 그렇게 정상적으로 모든 세상과 행복한 공동체를 이루며 살 수만 있다면 얼마나 좋을까'라고 그는 생각했다. '너는 언제나 단정하고 모두가 존경하는 방식으로 일을 한다. 너는 숙제를 끝내고 나면 승마 강습을 받거나 실톱을 가지고 세공을 한다. 방학 중에는 바다로 가서 배를 타거나, 요트 운전을 배우고 수영을 하느라 여념이 없다. 반면에 나는 빈둥거리며 하릴없이 지내고 모래사장에 누워 망중한에 빠지고, 바다 위를 획획 스쳐가며 신비롭게 변하는 자연의 표정들을 응시하고 있을 뿐이다. 그러나 바로 그렇기 때문에 네 눈은 그리도 맑은 게지. 너처럼 될 수만 있다면….'

그는 한스 한젠처럼 되려고 시도하지는 않았다. 그리고 아마도 단 한 번도 진지하게 그런 소망을 가진 적도 없었을 것이다. 그러나 그는 현재 있는 그대로의 자신을 한스가 사랑해주기를 가슴 저리게 갈망했다. 그래서 그는 그의 방식대로, 즉 천천히 진심으로 헌신적으로 괴로워하며 그리고 애수에 젖은 방식으로 한스의 사랑을 갈구했다. 이 애수는 그의 이국적인 외모를 보고 상상할 수 있을 법한 그 모든 격렬한 열정보다도 더 깊고 뜨거운 애수 같은 것이었다.

그리고 그의 구애가 완전히 헛된 것만은 아니었다. 사실 한스도 토니오에게 있는 그 어떤 탁월한 면, 예를 들어 어려운 사물들을 쉽게 표현할 수 있는 언어재능을 존경했고, 토니오의 우정에는 자기에 대한 특별히 강렬하고 애정 어린 감정이 살아있다는 것을 아주 잘 파악하고 있었으며, 이에 대해 고마운 마음을 증명해 보였고, 자기편에서도 호의를 표해줌으로써 토니오에게 여러 번 행복감을 안겨주기도 했다. 하지만 또 한스는 토니오에게 질투 및 환멸의 고통을, 그리고 정신적 공동체를 만들어보려는 노력을 허사로 만들어버리는 고통도 여러 번 안겨주었다. 왜냐하면 토니오는 한스 한젠의 존재 방식을 부러워하면서도 이상하리만치 끊임없이 한스를 자기의 존재 방식으로 끌어오려고 했고, 그런 시도는 어느 한순간 성공한 듯하지만, 이내 그것은 그렇게 보인 것에 불과했던 것으로 드러나기 일쑤였기 때문이다.

"요즘 굉장한 것을 읽었어. 정말 멋진 책이야…" 그가 말했다. 그들은 걸으면서, 그가 뮐렌 가에 있는 이베르젠 가게에서 10페니히 주고 산 과일사탕을 함께 먹고 있었다. "한스, 너도 읽어보아야 해. 실러의 《돈 카를로스》야, 네가 원하면 내가 빌려줄게."

"아냐, 그만 둬" 한스 한젠이 말했다. "토니오, 그건 너에게나 어울려. 난 계속 말(馬)에 관한 책이나 읽을 게. 너도 아는 책이야. 그 안에는 멋진 사진들이 많아, 내가 너에게 말해주었잖아. 언젠가 우리 집에 오면 너에게 그 사진들을 보여줄게. 스냅사진들인데, 속보로 걷는 말, 질주하는 말, 점프하는 말들의 사진을 볼 수 있어. 동작이 너무 빨라서 실제로는 거의 볼 수 없는 말의 모든 자세들을 볼 수 있어…"

"온갖 자세들을 다 볼 수 있다고?" 토니오가 예의상 물었다. "그래, 그것 참 대단하다. 그러나 《돈 카를로스》에 관해 말하자면, 그것은 모든 상상을 초월하는 거야. 거기에는 아주 아름다운 대목들이 있어서 읽는 사람의 가슴을 꽝! 하고 소리가 날 정도로 친단 말이야—"

"꽝! 하고 소리가 난다고?" 한스 한젠이 물었다. "왜?"

"예를 들면, 후작에게 속은 왕이 우는 장면이 있어… 후작은 왕자를 위해서 왕을 속인거야. 이해하겠어, 후작은 왕자를 위해 자신을 희생한 거야. 왕이 울었다는 소식이 이제 별실에서 나와 거실로 전해지는 거야. '우셔?' '왕이 우셨어?' 궁정의 모든 신하들이 몹시 당황해하고, 그 소식이 사람들의 가슴속 깊이까지 파고들었어. 왜냐하면 왕은 지독히 완고하고 엄했거든! 그러나 왕이 왜 울었는지는 이해할 수 있었어. 사실 나는 왕자와 후작을 합한 것보다 왕이 훨씬 더 안됐다는 생각이 들어. 왕은 언제나 혼자 있고, 사랑을 받지 못하다가, 이제 겨우 한 사람을 발견했다고 생각하고 있는데, 그 사람이 그를 배반했으니 말이야…"

한스 한젠은 옆에서 토니오의 얼굴을 보았다. 이 얼굴에 있는 그 무엇인가가 그를 이 화제에 관심을 갖도록 했음에 틀림이 없었다. 왜냐하면 한스는 갑자기 다시 팔을 토니오의 팔 아래에 끼며 이렇게 물었기 때문이다.

"토니오, 후작이 어떻게 왕을 배반했어?"

토니오는 감격했다.

"응, 그건" 그가 말하기 시작했다. "브라반트와 플란데른으로 가는 모든 편지들이—"

"저기, 에르빈 임머탈이 온다." 한스가 말했다.

토니오는 입을 다물었다. '땅이 저 임머탈을 그냥 삼켜버렸으면 좋겠다'고 그는 생각했다. '왜 저 녀석이 나타나 우리를 방해한단 말인가! 저 녀석이 우리와 함께 걸으면서 산책하는 내내 승마 강습에 대해서 이야기만 하지 않는다면 좋으련만…' 그것은 에르빈 임머탈도 함께 승마 강습을 받고 있었기 때문이다. 그는 은행장의 아들이었고, 여기 성문 밖에 살고 있었다. 그는 굽은 다리와 실눈을 하고, 벌써 책가방도 없이, 가로수 길을 걸어 그들을 향해 오고 있었다.

"안녕, 임머탈." 한스가 말했다. "크뢰거와 산책을 하는 중이었어."

"난 시내로 가야 해." 임머탈이 말했다. "살 게 좀 있어. 하지만 너희들과 한 블록쯤은 함께 걸을 수 있어… 너희들 손에 있는 그것, 과일사탕이지? 응, 고맙다, 나도 몇 개 먹어볼게. 한스야, 우리 내일 또 강습이 있지." —승마 강습을 말하는 것이었다.

"신난다!" 한스가 말했다. "난 이제 가죽 각반을 받게 되었다. 최근의 연습문제에서 A를 받았거든…"

"크뢰거, 넌 승마 강습을 안 받지?" 이렇게 묻는 임머탈의 눈이 그저 한 쌍의 반짝이는 틈새 같았다.

"아니…" 토니오가 아주 불분명한 어조로 대답했다.

"크뢰거, 너도…" 한스 한젠이 끼어들었다. "아버지게 부탁해서 강습을 받지 그래."

"응…" 토니오가 서둘러 아무렇지도 않게 말했다. 한순간 그는 숨이 막힐 것 같았다. 왜냐하면 한스가 그의 성(姓)을 부르며 말을 걸어왔기 때문이다. 한스도 이를 느낀 것 같았다. 그가 변명하듯 말을 했기 때문이다.

"내가 너를 '크뢰거'라고 부른 것은 네 이름이 너무 이상해서야. 미안, 하지만 그 이름이 마음에 들지 않아. 토니오… 그것은 도대체 이름이 아니잖아. 하긴 이것은 네 탓이 아니지, 당연히 아니지!"

"아니지, 네 이름이 이국적으로 들리고, 뭔가 좀 유별나기 때문에 그런 인상을 주는 거야…" 임머탈이 이렇게 말하면서, 호의적으로 해석해주려는 듯이 굴었다.

토니오의 입이 실룩거렸다. 그는 정신을 차리고 말했다.

"그래, 바보 같은 이름이지, 정말이지 나도 차라리 하인리히나 빌헬름이라는 이름을 가졌으면 해. 이건 진심이야. 나에게 세례명을 물려주신 외삼촌의 이름이 '안토니오'여서 이렇게 된 거야. 어머니는 저 아래에서…"

그러고 나서 그는 입을 다물었고, 두 사람이 말들과 가죽 제품들에 대해 이야기하도록 내버려 두었다. 한스는 임머탈과 팔짱을 끼고 있었고, 《돈 카를로스》로는 절대로 불러일으킬 수 없을 그런 관심을 표시하며 줄줄 이야기를 쏟아냈다. 이따금씩 토니오는 울고 싶은 충동이 코끝으로 찌릿하게 치밀어 오르는 걸 느꼈다. 그는 또 자꾸 떨리는 턱을 억지로 고정시키려고 애를 썼다.

한스가 '토니오'라는 이름을 좋아하지 않았다. 그렇다 한들 어떻게 한단 말인가? 그의 이름은 한스이고, 임머탈의 이름은 에르빈이다. 좋다. 그 이름들은 그 누구도 이상하게 여기지 않는 일반적으로 인정받는 이름들이었다. 헌데 '토니오'라는 이름은 어딘가 이국적이고 유별났다. 그렇다, 그에게는 그가 원하든 원치 않든 간에 모든 면에서 뭔가 유별난 데가 있었다. 그는 초록 마차를 타고 다니는 집시족이 아니라 크뢰거 영사의 아들, 크뢰거 가문의 자손이었음에도 불구하고 언제나 혼자였으며, 정상적이고 평범한 사람들로부터 동떨어져 있었다. 그런데 자기들 둘만 있을 때는 '토니오'라 불러주는 한스가 제3자만 끼면 그와 함께 있는 걸 부끄러워하기 시작하는 이유가 무엇일까? 가끔 한스는 그와 친했고, 그와 한패가 되곤 했다. 그렇다. '토니오, 후작이 어떻게 왕을 배반했니?'라고 그는 물었었고, 그와 팔짱을 끼기도 했다. 그런데 임머탈이 오자마자 안도의 숨을 내쉰 다음 그를 버리고는, 그럴 필요까지는 없었는데, 그의 이국적인 이름을 흠잡았던 것이다. 이 모든 것을 꿰뚫어 보아야만 하다니, 이 얼마나 가슴 아픈 일이란 말인가!… 한스 한젠은 그들 단 둘만 있을 때는 사실 그를 조금은 좋아했다. 그는 그것을 알고 있었다. 그러나 제3자가 오면 그는 그 사실을 부끄럽게 여기고, 토니오를 희생시켜 버렸다. 그리하여 그는 다시 혼자가 되었다. 그는 필립 왕을 생각했다. 왕은 울었다…

"맙소사, 이제 정말 시내로 가야겠다." 에르빈 임머탈이 말했다. "얘들아, 안녕, 그리고 과일사탕 잘 먹었어!" 그리고는 팔짝 뛰어 길가의 벤치로 올라가 구부정한 다리로 그 위를 따라 달리다가 내려와 급히 뛰어갔다.

"난 임머탈이 좋아!" 한스가 강조해서 말했다. 그는 자신의 공감과 혐오감을 알리고, 흡사 선심을 쓰듯 그것을 나누어주는 그런 제멋대로이고 자의적인 버릇이 있었다. 그러고 나서 그는 일단 시작한 화제이니만큼 계속해서 승마 강습에 대한 이야기를 했다. 어쨌든 한젠의 저택까지는 이제 얼마 남지 않았다. 둑길을 걷는 이 산책은 사실 시간이 오래 걸리지 않았다. 그들은 모자를 꽉 움켜쥐고, 나무들의 앙상한 가지 사이로 신음 소리를 내며 쌩쌩 불어대는 습기찬 강풍을 피하느라 고개를 푹 숙이고 걸었다. 한스는 말을 계속 했고, 토니오는 그저 이따금 마지못해 그의 말에 '그렇군' '맞아'라는 등의 추임새를 넣었을 뿐, 한스가 자신의 이야기에 취해 다시 그와 팔짱을 끼었는데도 별로 좋지 않았다. 왜냐하면 그것은 그저 가식적인 다정한 포즈일 뿐, 아무런 의미도 없었기 때문이다.

그들은 정거장에서 멀지 않은 곳에서 둑 아래의 초지로부터 벗어나 도로로 나왔다. 그리고는 기차가 연기를 내뿜으며 굼뜨지만 서둘러 지나가는 것을 보면서 심심풀이로 차량의 수를 세고, 맨 뒤 칸에 모피로 몸을 칭칭 감고 몸을 곤추세우고 앉아있는 남자에게 손을 흔들었다. 그들은 보리수 광장 옆에 있는 대상인 한젠의 빌라 앞에서 걸음을 멈췄다. 한스는 정원으로 통하는 작은 대문 아래에 서서 '돌쩌귀를 이리저리 밀며 몸을 흔들어대면 삐그덕 삐그덕 소리가 난다'며, 이런 장난이 얼마나 재미있는지 직접 자세히 해보이기까지 했다. 그런 후에 그는 작별 인사를 건넸다.

"자, 이제 들어가야 해." 그가 말했다. "안녕, 토니오. 다음번에는 내가 너를 집까지 바래다줄게, 조심해서 잘 가."

"안녕, 한스, 함께 산책해줘서 고마웠다." 토니오가 말했다.

악수를 하는 그들의 양손이 매우 축축하고 정원 대문의 녹물이 묻어났다. 그러나 한스가 토니오의 눈을 보았을 때 그의 잘 생긴 얼굴에 약간의 후회 같은 기색이 나타났다.

"아, 그리고 다음번에는 나도 《돈 카를로스》를 읽어보도록 할게!" 그가 잽싸게 말했다. "내실에서 울었다는 그 왕의 이야기는 멋질 거야!" 그리고는 책가방을 팔 아래에 끼고 앞마당을 지나 달려갔다. 그는 집 안으로 사라지기 전에 다시 한 번 뒤를 돌아보며 고개를 끄덕였다.

그러자 토니오 크뢰거는 완전히 기분이 밝아져서 날듯이 빠른 걸음으로 그곳을 떠났다. 바람이 그를 뒤에서 밀어주기도 했지만, 그가 그렇게 가볍게 그곳에서 벗어날 수 있었던 것은 바람 덕분만은 아니었다.

한스가 《돈 카를로스》를 읽을 것이고, 그러면 그들은, 임머탈이나 다른 그 누구와도 이야기할 수 없는 것에 대해, 그들 둘 만의 어떤 것을 갖게 될 것이다! 그들 둘이 서로를 이해한다면 얼마나 좋은 일인가! 누가 알아, 혹시 한스가 직접 시를 쓰게 할 수 있을지도! 아냐, 아냐, 그가 시를 쓰려고 하지는 않을 거야. 한스는 토니오처럼 되어서는 안 돼, 지금 그대로, 밝고 강한 모습 그대로, 모두가 사랑하는 그리고 토니오가 가장 사랑하는 그 모습 그대로 있어야 돼! 허나 그가 《돈 카를로스》를 읽는다 해도 해가 될 것은 없지 않겠어… 토니오는 유서 깊은 낮은 성문을 통과하고 항구를 따라가다가, 삼각형 모양의 지붕을 한 집들이 쭉 늘어선, 바람이 세게 불고 온통 젖어있는 가파른 골목길을 걸어올라 자기 집으로 갔다. 당시 그의 심장은 살아 있었다. 그 안에는 그리움이 있었으며, 우울한 질투와 약간의 경멸 그리고 온전하고 순수한 행복이 있었다.

2

금발의 잉에, 잉에보르크 홀름! 높고 뾰족한 고딕식 아치지붕이 있는 우물이 있던 그곳, 그곳 시장(市場)에 홀름 박사의 딸, 16살 때 토니오 크뢰거가 사랑했던 잉에가 살고 있었다!

어떻게 그런 일이 일어나게 되었지? 그전에도 그는 그녀를 수백 번도 더 보았었다. 그런데 어느 날 저녁, 어떤 불빛 아래에 있는 그녀가 그의 눈에 들어왔다. 그녀는 한 여자 친구와 이야기를 하면서 약간 오만하게 웃고, 고개를 옆으로 돌렸으며, 특별히 섬세하지도, 특별히 가냘프지도 않은 소녀의 손을 뒷목으로 가져갔는데, 그는 그때 흰색의 얇은 소매가 팔꿈치로부터 미끄러져 내려오는 모습을 보았다. 또 그녀가 어느 단어 하나를, 대수롭지 않은 단어 하나를 그녀 특유의 독특한 방식으로 강조해서 발음하는 것을 들었다. 그녀의 목소리에서는 따뜻한 그 무엇이 잔잔히 울려 퍼졌는데,

그때 그의 가슴이 환희로 벅찼다. 그것은, 그가 아직 어리석은 꼬마 소년이었을 그 시절에 한스 한젠을 바라보면서 느꼈던 그 감정보다 훨씬 더 강렬한 것이었다.

그날 저녁 그는 굵게 땋아 내린 금발에, 웃고 있는 길쭉한 파란 눈과, 주근깨가 있는 약간 오뚝한 콧마루를 가진 그녀의 모습을 눈에 담아 집에 왔다. 그리고 그 쟁쟁하게 울리던 그녀의 목소리가 떠나질 않아서 잠을 이룰 수가 없었다. 그래서 그는 대수롭지 않은 단어를 발음할 때 그녀가 냈던 그 울림을 흉내내보려고 시도했고, 전율을 느꼈다. 지금까지의 경험은 이것이 사랑이라고 가르쳐주었다. 그러나 그는 사랑이 그에게는 많은 아픔, 번민 그리고 굴욕을 가져온다는 것을, 게다가 사랑은 마음의 평화를 깨고, 가슴을 온갖 멜로디로 채운다는 것을, 그리하여 어떤 일을 잘 마무리 지어 침착하게 완성할 수 있는 편안함을 찾지 못하게 한다는 것을 정확히 알고 있었다. 그럼에도 불구하고 그는 이 사랑을 기쁘게 받아들였고, 더욱이 자신을 이 사랑에 내맡겼으며, 정성을 다해 이 사랑을 가꾸었다. 왜냐하면 그는 사랑이 사람을 풍요롭게 만들고 활기를 준다는 것을 알고 있었고, 그 자신이 평정한 상태에서 무엇인가를 완성하기보다는 풍요로움과 활기를 간절히 원했기 때문이다.

토니오 크뢰거가 명랑한 잉에 홀름에게 정신을 잃게 된 이 일은 후스테네 영사 부인의 넓은 거실에서 일어났다. 그날 저녁 그곳에서는 춤 강습이 있었다. 상류층 집안의 자제들만이 참석하는 개인 교습이었다. 그들의 부모 집에서 돌아가면서 개최하는 강습으로, 아이들은 춤과 예절 교육을 받았다. 이런 목적을 위해 매주 함부르크에서 크나크라는 댄스 강사가 직접 왔다.

그의 이름은 프랑소아 크나크였다. 이 남자는 또 얼마나 별스러운지! "여러분에게 저를 소개할 수 있어서 영광입니다."라고 그는 프랑스어로 말했다. "제 이름은 크나크입니다…. 그리고 이러한 자기소개는 고개를 숙이고 있는 동안에 하는 것이 아니라, 인사를 하고 몸을 다시 똑바로 세운 자세로, 목소리를 죽여서, 그렇지만 분명하게 발음해야 합니다. 프랑스어로 자기를 소개하는 일이 매일 일어나는 것은 아니지만, 이 언어로 정확하게 흠잡을 데 없이 자기소개를 할 수 있다면, 비로소 독일어로도 정확하게 할 수 있을 겁니다." 검정색 실크 연미복이 그의 살찐 엉덩이에 착 달라붙은 모습은 또 얼마나 놀라운지! 부드럽게 주름 잡힌 그의 바지는, 공단 천으로 만든 큼직한 나비리본으로 장식한 에나멜 구두까지 내려왔고, 잘 생긴 자기 자신 때문에 피곤해죽겠지만 행복하다는 듯 자만심에 취한 그의 갈색 눈은 주위를 둘러보았다.

그의 과도한 자신감과 단정한 태도는 모인 사람들의 기를 죽였다. 그는 여주인을 향해 (아무도 그 남자처럼 걸을 수는 없었다!), 아주 탄력 있게, 물결치듯, 당당하게 걸어가서는 고개 숙여 절하고, 상대가 그에게 손을 내밀 때까지 기다렸다. 여주인이 손을 내밀자, 그는 나직한 목소리로 감사의 말을 하고 용수철처럼 튀어 일어나 왼발을 축으로 하여 몸을 휙 돌리며, 발끝으로 서 있던 오른발을 옆으로 번쩍 들어 올리고 나서 엉덩이를 흔들면서 그 자리에서 물러나왔다.

사람들이 모여 있는 곳에서 밖으로 나갈 때에는 허리를 굽히고 뒷걸음을 치며 문 쪽으로 가야했다. 의자를 가져올 때도 의자다리 하나를 잡거나 바닥에 질질 끌고 오면 안 되고, 등받이를 살짝 잡고 옮겨와서 소리 없이 내려놓아야 했다. 서 있을 때 양 손을 포개서 배에 올려놓아서도 안 되고, 혀로 입 가장자리를 핥아서도 안 되었다. 그런데도 누가 그런 행동을 하면 크나크 씨는 그와 똑같이 흉내내줌으로써 남은 평생 구역질이 나서 그런 행동을 다시는 되풀이하지 않게 만드는 기술이 있었다.

이것이 예절 교육이었다. 그러나 춤에 관한 한 크나크 씨는 아마 이보다 훨씬 높은 수준을 터득한 것 같았다. 가구를 다 치운 넓은 거실에는 가스 등 샹들리에와 벽난로 위의 촛불들이 타고 있었다. 바닥에는 활석이 깔려 있었고, 학생들은 말없이 반원형으로 둘러 서 있었다. 그러나 좌우로 갈라놓은 커튼 저편, 즉 바로 옆방에서는 어머니들과 아주머니들이 비로드 의자에 앉아서 오페라 안경을 눈에 대고 크나크 씨를 관찰했다. 그는 자세를 낮추고 양손에서 손가락 두 개씩을 이용하여 연미복의 레이스를 잡고 탄력 있는 두 다리로 마주르카의 각 부분들을 시연해 보였다. 그러다가도 그는 그의 관객들을 까무러치게 놀래주고 싶으면, 꼭 그래야 할 이

유도 없는데, 갑자기 바닥에서 껑충 뛰어올라, 두 다리로 무슨 소리를 내기라도 하려는 듯 두 다리를 공중에서 어지럽게 빠른 속도로 비비 꼬다가, 이윽고 그의 파티에 모여든 모든 사람들의 가슴을 철렁하게 하고도 남을 육중한 소리를 내면서 바닥으로 다시 내려오는 것이었다.

'이 무슨 이해할 수 없는 원숭이 같은 짓이란 말인가!' 토니오 크뢰거는 이런 생각을 했다. 그러나 그는 잉에 홀름, 명랑한 잉에가 완전히 넋이 빠진 미소를 자주 지으며 크나크 씨의 동작을 관찰하는 모습을 보았다. 그러나 사실 그가 크나크 씨의 이 모든 놀라울 정도로 완벽한 몸동작에서 경이로움과 같은 것을 느꼈던 것은 비단 잉에의 감탄하는 모습 때문만은 아니었다. 크나크 씨의 두 눈은 아주 안정적이고 전혀 흔들림이 없었다. 그의 두 눈은 사물들이 복잡하고 우울해지는 그런 깊은 곳까지는 들여다보지 않았다. 그의 두 눈은 그저 사물들이 갈색이고 아름답다는 것만을 인지할 뿐이었다. 그러나 바로 그렇기 때문에 그의 자세가 그렇게 당당할 수 있었던 것이다! 그렇다, 누구든 그이처럼 걸을 수 있으려면 그렇게 둔해야만 한다. 그래야 사랑스럽게 보이고, 사람들의 사랑도 받는다. 그는 잉에가, 금발의 귀여운 잉에가 아주 정직하게 크나크 씨를 주시하고 있다는 것을 아주 잘 이해했다. 그런데 어떤 소녀가 그 자신을 그렇게 바라봐주는 일은 결코 일어날 수 없는 것일까?

하지만 그런 일도 일어났다. 변호사 페어메렌의 딸, 온순한 입과 진지하고 몽상적인, 크고 검은 반짝이는 두 눈을 가진 막달레나 페어메렌이 그랬다. 그녀는 춤을 추다가 자주 넘어졌다. 그런데 그녀는 숙녀가 '파트너를 선택하는 순서'가 되면 그에게로 다가왔다. 그녀는 그가 시를 쓴다는 것을 알고 있었고, 그에게 두 번이나 시를 보여 달라고 청했고, 가끔 멀리서 고개를 숙이고 그를 훔쳐보곤 했다. 그러나 그러한들 그것이 그에게 무슨 의미가 있겠는가? 그는, 그는 잉에 홀름을, 명랑한 금발의 잉에를 사랑했고, 그녀는 그가 시나부랭이를 쓴다는 것을 알고 있기 때문에 그를 경멸할게 틀림없다… 그는 그녀를, 행복과 조롱으로 가득한 그녀의 가늘게 찢어진 파란 실눈을 바라보았다. 이렇듯 질투 섞인 그리움, 그녀에게 배척당하고, 그녀에게는 영원히 낯선 존재일 수밖에 없다는 고통, 아리고 명치를 짓누르는 고통이 그의 가슴을 꾹꾹 찔러댔다.

"제1조 앞으로!" 크나크 씨가 말했다. 이 남자가 프랑스어를 할 때 내는 콧소리가 얼마나 경이로운지, 그 어떤 말로도 표현할 수가 없었다. 카드리유[1]를 연습할 때였다. 토니오 크뢰거는 자기가 잉에 홀름과 같은 조라는 것을 알고 깜짝 놀랐다. 그는 될 수 있는 한 그녀를 피했지만, 그럼에도 그는 계속해서 그녀와 가까워졌다. 그는 그녀와 가까워지지 않으려고 눈을 피했지만, 그럼에도 그의 시선은 계속해서 그녀에게 가 닿았다. 이제 그녀는 빨간 머리의 페르디

---

1. 4인조 춤

난드 마티쎈의 손을 잡고 미끄러지듯 달려와서는 머리를 뒤로 젖히고는 숨을 한번 깊이 들이쉬고 그의 맞은편에 섰다. 피아노 연주자 하인첼만 씨가 뼈마디가 굵은 손으로 건반을 두드리고, 크나크 씨가 지휘를 하며 명령을 내리자 카드리유가 시작되었다.

그녀가 그의 앞에서 앞으로 뒤로, 걷기도 하고 몸을 돌리기도 하며 이리저리 움직이고 있었다. 그녀의 머릿결과 그녀의 부드럽고 하얀 옷에서 풍기는 향기가 이따금 그를 어루만지자, 그의 눈은 점점 흐려졌다. '너를 사랑해, 귀여운 잉에, 사랑해.' 그는 속으로 이렇게 말했으며, 그녀가 그렇게도 열심히 그리고 즐겁게 춤추는 일에 빠져서 그에게는 아무 관심도 없다는 사실로 인해 받은 그의 모든 고통을 이 말에 실었다. 슈토름의 너무나 아름다운 시(詩)가 떠올랐다. '나는 잠을 자고 싶은데, 그대는 춤을 춰야겠다고 하네.' 사랑하고 있는 동안에는 춤을 추지 않으면 안 되는 상황에 처한 이 굴욕적인 모순이 그를 괴롭혔다.

"제1조 앞으로!" 크나크 씨가 말했는데, 그것은 춤이 다시 반복될 참이었기 때문이다. "인사! 숙녀들의 물리네²! 손을 맞잡으세요!" 이렇게 말할 때 그가 프랑스어 'de'의 악센트 없는 'e'를 얼마나 우아하게 꿀꺽 삼키듯이 발음하는지는 아무도 흉내낼 수 없을 것이다.

---

2. 2명 또는 4명의 사람이 오른손을 한데 모아 축으로 삼고 도는 자세

"제2조 앞으로!" 토니오 크뢰거 팀의 차례가 되었다. "인사!" 토니오 크뢰거가 고개를 숙였다. "숙녀들의 물리네!" 그러자 고개를 숙이고 눈썹을 찡그린 채 토니오 크뢰거는 그의 손을 네 명의 숙녀들의 손, 그러니까 잉에 홀름의 손 위에 얹고 '물리네'를 추었다.

주위에서 킬킬거리며 웃는 소리가 났다. 크나크 씨가 그 특유의 놀랄 때 하는 발레 포즈를 취했다. "아니, 이럴 수가!" 그가 소리쳤다. "그만, 그만! 크뢰거 군이 숙녀들 틈에 들어갔어요. 물러나요, 크뢰거 양, 뒤로 물러나세요. 모두가 이해했는데, 도련님만 이해를 못했군요. 빨리, 물러나요! 뒤로 나오란 말이에요!" 그러면서 그는 노란 실크손수건을 꺼내 흔들어대면서 토니오 크뢰거를 그의 자리로 되돌아가도록 했다.

모두가 웃었다. 소년들, 소녀들, 그리고 옆방의 귀부인들까지 모두가 웃었다. 크나크 씨가 이 돌발사고로부터 아주 우스꽝스러운 장면을 만들었기 때문이다. 사람들은 극장에라도 앉아 있는 듯이 즐겼다. 하인첼만 씨만 무미건조한 사무적인 표정을 짓고 연주를 재개하라는 지시를 기다렸는데, 그는 이미 크나크 씨가 내는 이런 효과에 무디어져 있었기 때문이다.

이윽고 카드리유가 재개되었다. 그런 다음 휴식 시간이 되었다. 하녀가 포도 젤리를 담은 유리잔을 쟁반위에 받쳐 들고 달그락거리는 소리를 내며 안으로 들어왔고, 그 뒤를 따라 주방 하녀가 자두 케이크 한 판을 들고 들어왔다. 그러나 토니오 크뢰거는 살짝 빠져나와 아무도 모르게 복도를 통과해서, 덧창이 내려진 창문 앞에 뒷짐을 지고 서 있었다. 그는 이 덧창을 통해서는 아무것도 볼 수 없다는 것을 그리고 그곳에 서서 밖을 내다본다는 듯이 행동하는 자신이 얼마나 우습게 보이는지를 미처 생각하지 못하고 있었다.

그렇지만 그는 너무나 많은 상심과 그리움으로 가득한 자기 내면을 바라보고 있었다. 왜, 왜 그는 여기에 있는 것일까? 왜 그는 그의 방의 창가에 앉아서 슈토름의 《임멘호수》나 읽다가 이따금 늙은 너도밤나무의 육중한 가지들이 바람에 흔들리며 내는 소리가 들려오는 저녁 무렵의 정원을 내려다보고 있지 않단 말인가? 그곳이 그의 자리일 것이다. 다른 사람들은 춤을 추고 싶고, 춤을 추며 생기를 찾고 멋을 부리고 싶은 거잖아! 그러나 아니, 아니었다, 그의 자리는 그럼에도 불구하고 여기, 그가 잉에와 가까이 있다는 것을 느끼는 여기였다, 비록 그가 고독하게 멀리 떨어진 곳에 서서, 저 안에서 들리는 웅얼거리고, 달그락거리는 소리와 여러 웃음소리 속에서 그녀의 목소리를, 따뜻한 삶의 울림이 들어있는 그녀의 목소리를 구별해내려고 애쓰고 있을 뿐이긴 하지만…. 너 금발의 사랑스러운 잉에야, 너의 파란 실눈이 웃고 있구나! 《임멘호수》를 읽지도, 그런 류의 소설을 쓰려고도 하지 않는 사람만이 너처럼 그렇게 예쁘고 명랑할 수가 있다니, 그것은 정말 슬픈 일이구나!

그녀가 이쪽으로 와야만 하는데! 그녀는 그가 없어졌다는 것을 알아차려야만 하고, 그의 기분이 얼마나 참담한지를 느껴야만 하고, 아무도 모르게 그의 뒤를 쫓아와서, 비록 그저 동정심에서라 할지라도 좋으니, 그의 어깨에 손을 얻고 '우리 있는 곳으로 들어와, 기분을 내봐, 난 너를 사랑해.'라고 말해야만 하는 것이다. 그래서 그는 뒤쪽에서 나는 소리에 귀를 기울였고, 그녀가 올지도 모른다는 당치도 않은 생각을 하며 잔뜩 긴장한 채 잠시 동안 기다렸다. 그러나 그녀는 결코 오지 않았다. 그런 일은 이 세상에서는 일어나지 않았다.

다른 모든 사람들과 마찬가지로 그녀도 그를 비웃었던 것일까? 그랬다, 그녀는 그렇게 했다. 그가 그녀 때문에 그리고 그 자신 때문에 그 사실을 부정하고 싶었지만 말이다. 하지만 그는 오직 그녀 가까이에 있다는 사실에 몰두해있던 나머지 그만 숙녀들의 '물리네'를 함께 추었던 것이다. 근데 그게 뭐 어쨌단 말인가? 아마도 언젠가는 그들도 비웃는 일을 그만두게 될 것이다! 최근에 한 잡지사에서 그의 시 한 편을 실어주려고 하지 않았던가 말이야. 이번에는 그의 시가 출판되기도 전에 그 잡지사가 폐간되긴 했지만 말이다. 그가 유명해져서 그가 쓰는 모든 글들이 출판되는 그런 날이 올 것이다. 그런데도 잉에 홀름에게 아무런 감명을 주지 못할지는 두고 볼 일이다. 아무런 감명을 주지 못할 것이다, 그래, 그럴 거다. 늘 넘어지기만 하는 막달레나 페어메렌에게나, 그래 그녀나 감명을 받겠지. 그러나 결코 잉에 홀름에게는, 파란 눈의 명랑한 잉에게는 결코 감명을 주지 못할 거야. 그러면 그가 유명해진 들 무슨 소용이람?

이런 생각을 하자 토니오 크뢰거는 가슴이 찢어질듯이 아팠다. 유희적이고 우울하기도 한 경이로운 힘들이 네 안에서 꿈틀거리는 데, 네가 간절히 그리워하는 사람들은 그런 힘들이 전혀 닿지 않는 명랑한 곳에 있다는 것을 느낀다는 것, 그것은 얼마나 가슴 아픈 일인가. 그러나 비록 그가 고독하고, 소외당하고, 덧창 안으로 들어갈 희망이 없다 해도, 그가 상심한 나머지 마치 그 안을 바라볼 수 있는 척하고 있다 해도, 그럼에도 불구하고 그는 행복했다. 왜냐하면 당시 그의 심장이 살아있었기 때문이다. 그의 심장은, 잉에보르크 홀름, 바로 그대를 위해 따뜻하게 그리고 슬프게 뛰었던 것이며, 그의 영혼은 행복한 자기 부정 속에서 가볍고 거만한 금발 소녀의 평범하고 어린 인격을 감싸 안았던 것이다.

그는 달아오르는 얼굴을 하고 음악, 꽃향기 그리고 유리잔 부딪치는 소리가 그저 어슴푸레 들려오는 외진 장소에 서 있었던 적도, 멀리서 들리는 축제의 소음 속에서 그녀의 낭랑한 목소리를 구별해내려고 애썼던 적도 여러 번 있었고, 그녀 때문에 고통스러웠던 적도 여러 번 있었지만, 그럼에도 그는 행복했다. 춤을 출 때 늘 넘어지기만 하는 막달레나 페어메렌과는 대화가 통한다는 사실이 그를 가슴 아프게 한 적이 한두 번이 아니었다. 그녀가 그를 이해하고 그와 함께 웃기도 하고 진지해지기도 하는 반면, 금발의 잉에는, 그녀 옆에 앉아 있는데도, 그의 언어가 그녀의 언어는 아니었기 때문에, 멀리 있는 것 같고, 낯설게 느껴지고, 전혀 딴 사람처럼 느껴졌다는 것이 그를 가슴 아프게 한 적도 한두 번이 아니었다. 그럼에도 그는 여전히 행복했었다. 왜냐하면 그는, 행복이란 사랑받는 것이 아니라고, 그 자신에게 말했기 때문이다. 사랑받는 것, 그것은 허영심을 채우려는 구역질나는 만족감일 뿐이다. 사랑하는 것이 행복이고, 아마도 사랑하는 상대에게 아무도 모르게 살짝 다가가는 기회를 포착하는 것이 행복일 것이다. 그리고 그는 이런 생각을 마음속에 새겨두었다가 철저하게 생각해보고 그 뿌리까지 느껴보았다.

'변하지 않는 마음!' 토니오 크뢰거는 생각했다. '난 변치 않을 거야, 잉에보르크, 내가 살아 있는 한 난 너를 사랑할 거야!' 그는 이렇게 마음을 편히 가졌다. 그럼에도 불구하고 그의 안에서는 일말의 두려움과 슬픔이 나직이 속삭였다, '넌 매일 한스 한젠을 만나면서도 그를 완벽하게 잊어버리고 있지 않느냐!' 그리고 꼴사납고 가련한 일은 이 나직하고 약간은 심술궂은 소리가 옳다는 사실이었고, 시간이 흘러, 토니오 크뢰거가 더 이상 그 옛날처럼 명랑한 잉에를 위해서라면 무조건적으로 죽을 각오까지 하지 않는 날이 왔다는 것이다. 왜냐하면 그가 자기 방식으로 이 세상에서 진기한 일을 많이 해낼 수 있는 의욕과 힘을 내면에서 느꼈기 때문이다.

그래서 그는 더없이 맑고 순수한 사랑의 불꽃이 타고 있는 재단 주위를 조심스럽게 빙빙 돌다가 그 앞에 무릎 꿇고 앉아 온갖 방법으로 그 불꽃을 돋우고 키웠다. 그것은 그가 자신의 마음이 변치 않기를 바랐기 때문이다. 그럼에도 불구하고 얼마 지나지 않아 아무도 눈치 채지 못하게, 소동도 없이 그리고 소음도 내지 않고, 불꽃이 꺼져버렸다.

그래도 토니오 크뢰거는, 이 세상에서는 변치 않는 마음이 불가능하다는 사실에 대한 놀라움과 실망으로 가득 찬 채, 식어버린 제단 앞에 한동안 서 있었다. 그런 다음 그는 양 어깨를 한번 으쓱 하고는 그의 길을 갔다.

3

그는 자신이 가야만 하는 길을 약간은 빈둥거리며, 약간은 불규칙
하게 갔다. 혼자 휘파람을 불며, 고개를 옆으로 비스듬히 기울이고
먼 산을 바라보며 갔다. 그가 길을 잘못 들었다면, 그것은 그를 포
함한 몇몇 사람들에게는 애당초 올바른 길이라는 것이 존재하지
않기 때문이다. 그에게 대체 무엇이 되려고 하느냐고 물으면, 그는
그때그때 다른 대답을 했다. 그는 그의 내면에는 수천 가지의 가능
한 삶의 방식들이 있다고(그리고 그는 그것을 이미 적어놓았다고
도 했다), 허나 근본적으로는 순전히 불가능한 것들이라는 의식이
은밀하게 함께 내재해 있다고 말하곤 했다…

　그가 작은 고향 도시를 떠나기 전에 이미, 그를 붙잡고 있던 고
리들과 끈들이 조용히 풀렸다. 과거의 크뢰거 가문은 차츰차츰 허
물어지고 와해되었다. 사람들이 토니오 크뢰거 자신의 존재와 천

성을 바로 이런 가문의 몰락을 보여주는 상징들 중의 하나로 간주하는 데에는 나름대로의 근거가 있었다. 집안의 어른인 친할머니가 돌아가셨고, 얼마 지나지 않아 그 뒤를 이어 그의 아버지가, 단춧구멍에 들꽃을 꽂고 언제나 깨끗한 옷을 입던 명상적인 키가 큰 신사가 죽었다. 크뢰거의 대저택은 유구한 역사와 함께 매물로 나왔고, 회사는 등록이 말소되었다. 하지만 토니오의 어머니, 피아노와 만돌린을 환상적으로 연주할 줄 알며 이 모든 것들에는 전혀 관심이 없는 그의 아름답고 열정적인 어머니는 1년 상(喪)을 채운 뒤에 다시 결혼을 했다. 상대는 음악가, 이탈리아식의 이름을 가진 연주자였는데, 그녀는 그를 따라 파란 하늘이 있는 머나먼 곳으로 떠났다. 토니오 크뢰거는 이를 조금은 경박한 행동이라 여겼지만, '그'가 그걸 말릴 자격이나 있었을까? 시나 쓰면서, 대체 장차 무엇이 될 생각이냐는 질문에는 대답도 못하는 주제인 그가?

그래서 그는 축축한 바람이 지붕들을 맴돌며 휘파람소리를 내는 좁디좁은 고향 도시를 떠났다. 그는 정원에 있는 분수, 늙은 호두나무 등등, 어린 날에 친숙했던 것들의 곁을 떠났고, 그가 그토록 사랑했던 바다도 떠났으며, 이런 이별에서 아무런 고통을 느끼지 못했다. 왜냐하면 그는 그 사이에 성장하고 철이 들었으며, 그가 처한 상황도 제대로 파악했고, 그를 그리도 오랫동안 품어주었던 평범하고 저속한 생활방식에 대해서도 조소를 금할 수 없었기 때문이다.

그는 이 세상에서 가장 숭고하다고 생각되는 것에 봉사하는 것이 자기의 소명이라고 느끼고, 그에게 고귀함과 명예를 약속한 힘에 완전히 헌신했으며, 무의식적이고 말없는 삶 위에 미소를 머금고 군림하는 정신과 언어의 힘에 완전히 몰두했다. 그는 젊은 열정을 다해 이 힘에 몰두했고, 이 힘은 자신이 선물할 수 있는 모든 것으로 그에게 보답했으며, 또 이 힘 자체가 그 보답으로 가져가고자 하는 모든 것을 그에게서 가차 없이 빼앗아갔다.

그 힘은 그의 눈을 날카롭게 해주었고, 그에게 사람들의 가슴을 부풀게 하는 위대한 단어들을 꿰뚫어보게 해주었다. 그 힘은 그에게 사람들의 영혼과 그 자신의 영혼을 열어서 들여다 볼 수 있게 해주었고, 그에게 세상의 내면을 그리고 사람들의 말과 행동 뒤에 숨겨진 궁극적인 것을 보여주었다. 그러나 그가 보았던 것은 결국 이것, 바로 희극적인 것과 비참함 — 그랬다, 희극적인 것과 비참함이었다.

그때 인식의 고통, 인식의 오만함과 함께 고독이 찾아왔다. 그것은 그가 명랑하기만 하고 둔한 감성을 지닌 순진한 사람들의 무리 속에 끼는 것을 좋아하지 않았고, 또 그의 이마에 있는 징표가 그들의 기분을 심란하게 만들기도 했기 때문이다. 그러나 그는 언어와 형식이 주는 쾌감을 점점 더 감미롭게 느끼게 되었다. 그는 표현이 주는 만족감이 우리를 깨어 있게 하고 활기차게 해주지 못한다면 영혼을 안다 한들 틀림없이 우울할 수밖에 없을 거라고 말하곤(그리고 그는 이것도 이미 써두었다) 했다.

그는 여러 대도시들에서, 그리고 그 태양을 받아 틀림없이 그의 예술이 더욱 풍성해질 것이라고 여긴 남쪽 도시에서도 살았다. 그를 그곳으로 끌었던 것은 아마도 어머니의 피였을 것이다. 그러나 그의 심장은 죽어 있고, 사랑이 없었기 때문에 그는 육체의 환락에 빠져들었고, 쾌락과 뜨거운 죄에 깊이 침몰했고, 그 속에서 이루 말할 수 없이 괴로워했다. 이것은 아마도 그의 안에 있는 아버지, 단춧구멍에 들꽃을 꽂고 깨끗하고 단정한 옷을 입었던 명상적인 키 큰 아버지가 남긴 유전자였을 것이다. 저 아래 남쪽에서 그를 그토록 괴롭게 했고, 가끔 그의 마음속에서, 한때는 그 자신의 것이었던, 그리고 그가 온갖 환락 속에서도 다시는 찾지 못했던 영혼의 즐거움에 대한 아련하고 그리운 추억이 꿈틀거리게 했던 바로 그 유전자였을 것이다.

관능에 대한 구토와 증오가, 그리고 정결함과 안락한 평화에 대한 갈망이 그를 사로잡고 있는 동안에도, 그는 예술의 공기를, 비밀스런 생산의 환희 속에서 꿈틀거리다 솟아오르고 마침내 싹을 틔우는 봄이 잊지 않고 뿜어내는 미지근하고 달착지근한 향기를 머금은 공기를 마셨다. 그리하여 결국 그는 극심한 양 극단 사이에서, 차가운 정신과 활활 타는 욕정의 불꽃 사이에서 멈추지 못하고 오락가락하면서 양심의 가책을 느끼는 가운데 기진맥진한 삶을 영위했고, 그가, 토니오 크뢰거가 근본적으로 혐오한, 궤도에서 벗어난 방탕하고 유별난 삶을 살았다. '이 얼마나 잘못된 길인가!' 그는 가끔 이렇게 생각하곤 했다. '내가 이런 극단적인 방탕한 생활에 빠져들다니, 어떻게 이런 일들이 가능했을까? 난 태생적으로 초록 마차나 타고 다니는 집시족은 아니지 않은가!'

그러나 그의 건강이 나빠질수록 그의 예술가적 재능은 날카로워졌고, 까다롭고 뛰어나고 귀중하고 섬세해졌으며, 진부한 것에 대해서는 예민하게 반응했고, 선택과 취향의 문제에서는 극도로 민감했다. 그가 처음 등단했을 때 관계자들 사이에서는 많은 박수갈채와 환성이 터져 나왔다. 왜냐하면 그가 제공한 작품들은 소중하게 다듬어진 것이었고, 유머가 가득하고 고뇌를 아는 작품들이었기 때문이다. 그의 이름, 한때 그의 선생님들이 꾸짖으며 불렀던 바로 그 이름, 그가 호두나무와 분수와 바다에 바친 그의 첫 작품들에 서명했던 바로 그 이름, 남쪽과 북쪽이 조합해서 만들어 낸 그 울림의 이름, 이국적인 입김이 서린 그 시민의 이름이 탁월한 것을 지칭하는 대명사가 되었다. 왜냐하면 거기에는 체험의 고통스러운 철저성에다가 끈질기게 견디며 명예를 추구하는 희귀한 근면성이 한데 어울려 있었기 때문이며, 이 근면성이 지독하게 까다롭고 예민한 취향과 격렬하게 싸우는 고통 속에서 비상한 작품을 탄생시켰기 때문이다.

그는 생활을 위해 일하는 사람처럼 작업하지 않았다. 그는 오직 자기의 일에만 몰두했는데, 생활인으로서의 그는 아무것도 중요하게 여기지 않았고, 자기가 오직 창조자로 여겨지기만을 원했기 때문이다. 그 이외의 일에서는, 마치 연기를 하지 않을 때는 아무것도 아닌, 화장을 지운 배우처럼 거의 눈에 띠지 않게 그림자처럼 돌아다녔기 때문이다. 그는 혼자 동떨어져서 눈에 띠지 않게 말없이 작업했고, 재능을 사교적 장식품으로 여기는 그런 소인배들을 경멸했다. 그런 소인배들은 지금 가난하든 부자든 상관없이 더럽고 헤진 옷을 입고 배회하거나, 아니면 특별히 제작한 넥타이를 매고 사치를 일삼으며 행복하게, 근사하게 그리고 예술가풍으로 사는 것을 최고로 쳤으며, 좋은 작품은 오직 어려운 생활의 압박 속에서만 탄생된다는 것을 몰랐고, 생활인은 창작을 하지 못하고, 완전한 창조자가 되기 위해서는 죽어야만 한다는 것을 몰랐다.

4

"방해가 되었나요?" 토니오 크뢰거가 아틀리에의 문턱에 서서 물었다. 그가 무엇이든 다 말할 수 있는 여자 친구였음에도 불구하고 그는 모자를 벗어 손에 들고 리자베타 이바노브나에게 심지어 허리까지 약간 굽히고 있었다.

"가엾기도 해라, 토니오 크뢰거, 격식 차리지 말고 들어와요!" 그녀는 팔짝팔짝 뛰는 듯한 억양으로 대답했다. "당신이 좋은 가정교육을 받았고 예의바르다는 것은 잘 알고 있어요." 이렇게 말하면서 그녀는 붓을, 팔레트를 들고 있던 왼손으로 옮기고, 그에게 오른손을 건넸다. 그러면서 깔깔 웃고 고개를 좌우로 흔들면서 그의 얼굴을 보았다.

"아, 예, 하지만 작업 중이잖아요." 그가 말했다. "어디 좀 봐요⋯ 오, 일을 많이 했군요." 그러면서 그는 이젤의 양쪽에 있는 의자들

위에 기대 놓은 다채로운 스케치들을 번갈아가며 둘러보았다. 그의 시선이 정방형의 선(線)그물로 덮어놓은 커다란 이젤에 머물렀는데, 그 위에는 형체가 분명하지 않은 어지러운 목탄화 스케치가 있고, 이제 막 물감이 칠해지기 시작한 것 같았다.

이것은 뮌헨, 셸링 가(街)의 뒤쪽에 위치한 건물의 몇 개 층을 올라간 방에서의 일이었다. 북향으로 난 넓은 창문 밖에는 파란 하늘, 새소리 그리고 햇살이 있었다. 열린 창을 통해서는 신선하고 달달한 봄의 숨결이 몰려 들어와 넓은 아틀리에를 가득 메우고 있는 접착제와 유화의 냄새와 뒤섞였다. 밝은 오후의 황금 햇살이 아무런 방해를 받지 않고 휑한 아틀리에로 날아 들어와서는 약간 손상된 바닥과, 작은 병들, 물감과 붓들이 어지럽게 널려 있는 창문 아래의 허드레 탁자와, 벽지를 바르지 않은 벽에 액자 없이 걸린 습작들을 제멋대로 비쳤으며, 찢어진 실크 병풍에도 와 닿았다. 이 병풍으로 현관문 근처에 작은 휴식 공간이 만들어졌는데, 그곳에는 제법 세련된 가구들이 있었다. 햇살은 또 이젤 위에서 완성되어가고 있는 작품들을 비추고, 그 앞에 앉아있는 화가와 시인을 비췄다.

그녀는 얼추 그와 같은 연배, 그러니까 서른이 조금 넘은 듯했다. 그녀는 얼룩이 많은 검푸른 작업복 앞치마를 입고 낮은 걸상에 앉아서 한 손으로 턱을 괴고 있었다. 잘 다듬었지만 귀밑머리가 벌써 조금씩 세기 시작한 그녀의 갈색 머리카락은 살짝 넘실대면서 관자놀이를 덮고 흘러내려, 슬라브 혈통인 듯 대단히 호감을 주는 연한 구릿빛 얼굴을 에워싸고 있었다. 그 얼굴에는 끝이 뭉툭한 코, 날카롭게 튀어나온 광대뼈 그리고 새까맣게 반짝이는 작은 두 눈이 있었다. 그녀는 긴장되고, 마음에 들지 않는다는, 말하자면 마치 신경질난다는 듯이 반쯤 감은 실눈으로 자신의 그림들을 훑어보고 있었다.

그는 그녀 옆에 서서 오른손은 허리에 받치고, 왼손으로는 빠르게 갈색 콧수염을 비비 꼬고 있었다. 비스듬히 기운 그의 눈썹은 긴장한 나머지 무겁게 움직였지만, 그는 습관대로 나직이 휘파람을 불었다. 그의 옷차림은 특별히 주의를 기울인 듯 단정했다. 그는 신중하게 재단된 점잖은 회색 양복을 입고 있었다. 그러나 그의 검정 머리카락이 지나칠 정도로 단순하고 똑바르게 갈라진 가르마 밑으로 보이는 이마에는 신경질적인 경련이 일고, 남국적인 얼굴 표정은 마치 단단한 석필로 모형을 그려놓기라도 한 듯 이미 날카로워져 있었지만, 입의 윤곽과 턱 선은 아주 부드러웠다. 잠시 후 그는 손으로 이마와 눈을 쓰다듬고는 돌아섰다.

"오지 말 걸 그랬나 봅니다." 그가 말했다.

"왜 그런 말을 하죠, 토니오?"

"방금까지 일을 하다 왔는데, 리자베타, 내 머릿속이 마치 여기 이 화폭 위와도 같거든요. 하나의 구조, 여러 번의 수정으로 더러워진 희미한 스케치 그리고 몇 군데의 색칠한 흔적들, 그래요, 난

방금 이곳에 왔고, 그와 똑같은 것을 여기에서 보고 있어요. 여기
에서도 갈등과 모순을 발견하고 있어요." 그는 이렇게 말하고 허공
에 대고 코를 킁킁거렸다. "집에서 나를 괴롭힌 바로 그것을요. 이
상한 일입니다. 한 가지 생각에 사로잡히면, 도처에 그 생각이 널
려 있는 것 같아요. 심지어는 공기 중에서도 냄새가 난답니다. 접
착제의 냄새와 봄의 향기가 난단 말입니다, 안 그래요? 예술 그리
고 ― 또 다른 것이 있을까요? '자연'이라고 말하지 말아요, 리자베
타. '자연'은 지겹지 않아요. 아, 맞아요, 차라리 산책을 하는 편이
나았을 거예요. 물론 산책을 하면서 마음이 더 편해졌을 진 모르
는 일이긴 하지만요. 5분 전에, 이곳에서 멀지 않은 곳에서 아달베
르트라는 소설가 동료를 만났어요. 그가 공격적인 말투로 '빌어먹
을 놈의 봄!'이라고 하더군요. '봄은 가장 끔찍한 계절이고 앞으로
도 계속 그럴 겁니다. 이런 계절에 당신은 이성적인 생각을 할 수
있겠어요? 크뢰거, 당신의 핏속에서 점잖지 못한 방식으로 무엇인
가가 꿈틀거리고, 가당치도 않은 돌발적인 많은 일들이 당신을 불
안하게 하는데도 말입니다. 그리고 당신이 그것들을 아주 자세히
살펴보는 그 즉시, 그것들이 억지로 쥐어짜진 진부하기 짝이 없는,
완전히 쓸데없는 것으로 드러나고 마는 그토록 미세한 핵심적인
효과를 내기 위해 침착하게 작업할 수 있겠느냐 말입니다? 그래서
나는 지금 차라리 카페로 가는 겁니다. 그곳은 중립적인, 계절의
변화와는 무관한 지역이거든요, 아시죠, 그곳은 말하자면 문학을

위한 무릉도원이자 고상한 영역이죠. 그곳에서만 고상한 아이디어를 떠올릴 수 있거든요…' 이렇게 말하고 그는 카페로 갔어요. 나도 함께 갈 걸 그랬나 봐요."

리자베타는 재미있다는 듯이 말했다.

"그것 참 재밌네요, 토니오. '점잖지 못한 방식으로 꿈틀거린다'는 표현 말이에요. 그 사람 말이 어느 정도는 맞아요. 사실 봄과 작업은 이상하게 안 맞는 부분이 있어요. 하지만 잘 들으세요. 그럼에도 불구하고 전 지금, 아달베르트라면 '미세한 핵심적인 효과'라 부를 이 사소한 일을 해야 합니다. 그런 다음 '살롱'에 가서 차를 마시기로 해요. 그때 다 말하세요. 오늘은 당신이 뭔가 작정을 하신 듯 보이네요. 그때까지 어딘가에 좀 앉아 계세요, 저기 상자 위라던가, 당신의 그 도시 귀족풍의 정장이 더러워질까 염려하지 않으신다면—"

"아이, 리자베타, 옷을 가지고 저를 놀리지는 마세요. 설마 내가 찢어진 코르덴 재킷이나 빨간 실크조끼를 입고 돌아다니는 걸 바라지는 않겠죠? 예술가들이란 항상 마음속에 가득 음탕한 모험거리를 품고 다니거든요. 그러니 겉으로나마, 젠장, 단정히 차려입고, 신사처럼 행동해야 하지 않겠어요… 아뇨, 할 말이 있는 것은 아니요." 이렇게 말하고 그는 그녀가 팔레트 위에다 물감을 섞고 있는 모습을 바라보았다. "당신이 듣고 있다시피, 내 마음속에서 내 일을 방해하고 있는 것은 단 하나의 문제, 단 하나의 모순일 따름입니다. 아, 우리 방금 무슨 이야기를 하고 있었죠? 소설가 아달베르트의 이야기였죠? 그는 얼마나 자존심 강하고 확신에 찬 남자인지 모릅니다. 그는 '봄은 일 년 중 가장 끔찍한 계절입니다'라고 말하고는 카페로 갔어요. 사람은 자기가 원하는 바를 정확히 알아야만 해요, 그렇지 않아요? 아세요, 봄은 나를 신경질 나게 만든답니다. 봄이 각성시키는 추억과 감정들의 사랑스런 진부함은 나를 혼란에 빠트리기도 한답니다. 단지 나는 그 때문에 봄을 비난하고 경멸하지 못할 뿐입니다. 왜냐하면 문제는 내가 봄 앞에서 부끄러움을 느끼고, 봄의 그 순수한 자연성과 그 의기양양한 젊음 앞에서 기가 죽는다는 것입니다. 그러니 나는 아달베르트가 그런 것에 대해 아무것도 모른다는 점, 바로 그 점 때문에 그를 부러워해야 할지, 아니면 그를 업신여겨야 할지를 모르겠어요.

봄에는 일이 잘 안 됩니다, 그건 확실해요, 근데 왜 그럴까요? 사람들에게 감정이 있기 때문이지요. 그런데 말입니다, 창작하는 사람은 반드시 느껴야 한다고 믿는 자는 풋내기예요. 정말로 제대로 된 예술가라면 아마투어의 이런 소박한 오해에 대해 웃어넘기겠지요. 아마도 우울한 웃음이겠지만, 어쨌든 웃어넘길 겁니다. 말로 하는 내용은 결코 예술의 핵심이 될 수 없고, 단지 그 자체로는 사소한 소재일 뿐이죠. 이것을 예술적 형상으로 만들어내려면 유희적이고 차가운, 그야말로 탁월한 능력으로 그 소재를 조합할 수 있어야 하죠. 당신이 말하려는 내용에 너무 큰 의미를 부여한다거나, 그 내용에 대해 당신의 심장이 너무 뜨겁게 뛴다면, 당신은 틀림없이 완패하고 말 겁니다. 당신은 격정적이 되고, 감상적이 될 것입니다. 그리고 당신의 손에서는 서투른 것, 졸렬하게 진지한 것, 신중하지 못한 것, 아이러니가 없는 것, 숙성되지 못한 것, 지루한 것, 진부한 것이 나올 것입니다. 그러한 것들은 사람들의 관심을 받지 못하고, 결국 당신 자신에게는 실망과 비참함만이 남게 됩니다. 리자베타, 그 이유는 이래요. 감정, 다시 말해서 따뜻하고 진정어린 감정은 언제나 진부하고 쓸모가 없답니다. 예술적인 것은 단지 우리들의 타락한 가식적인 신경 조직의 불안 초조감과 차디찬 환각일 뿐이니까요. 인간적인 것을 연기해 내려면, 아니 그런 연기를 시도라도 하려면, 다시 말해서 인간적인 것을 효과적으로 멋지게 표현한다고 연기라도 하려면, 우리 예술가 자신은 인간 외적이고 비인간적일 필요가 있어요. 우리 예술가들은 인간적인 것과는 이상하게도 동떨어지고, 나아가 관계 자체를 맺지 말아야하는 것이지요. 예술적 양식과 형식 그리고 예술적 표현에 재능이 있다는 것은 이미 인간적인 것과는 냉담하고 까칠한 관계에 있다는 점이, 말하자면 인간적으로는 빈곤하고 황폐화되었다는 것이 전제되어 있는 것이지요. 그것은 건강하고 활기찬 감정은 예술적으로는 아무 쓸모가 없기 때문이지요. 예술가가 인간이 되고 감정을 느끼기 시작하면 그것으로 끝장이 난 것이지요. 아달베르트는 그것을 알고 있었고, 그래서 그는 카페로, '무릉도원'으로 간 것에요. 암요, 그렇지요!"

"그를 내버려 둬요." 리자베트가 이렇게 말하며 양철 대야에 손을 씻었다. "당신이 그를 따라할 필요는 없잖아요."

"그럼요, 리자베트, 난 따라하지 않아요. 그런데 난 가끔 봄이 오면 나의 예술가 기질을 부끄러워하곤 합니다. 아세요, 난 종종 낯선 사람들에게서 편지를 받는데, 그것은 독자들이 보내는 칭찬과 감사의 팬레터, 내 작품에서 감동을 받은 사람들의 경탄에 마지않는 편지들이랍니다. 나는 그런 팬레터들을 읽지요. 그러면 내 예술이 일으킨 따뜻하고 인간적인 서투른 감정에 직면하고 속으로는 감동을 느낍니다. 그리고 독자들이 표현하는 소박한 열광으로 인해 연민과도 같은 그 어떤 것을 느끼기도 합니다. 그런데 말입니다. 그 독자가 무대 뒤를 한번 들여다본다면 얼마나 실망할까를 생각하면 얼굴이 화끈거립니다. 그 순진하고 정직한 독자가 올바르고 건강하고 착실한 사람은 절대로 글을 쓰지도 연극을 하지도 작곡을 하지도 못한다는 것을 깨닫게 된다면, 얼마나 놀라고 정신을 번쩍 차리게 되겠습니까. 그 생각만 하면 난 얼굴이 달아오른답니다. 그렇다 해도 난 그런 독자의 감탄을 주저하지 않고 나의 창조적 재능을 위해 이용한답니다. 그런 감탄을 아주 진지하게 받아들여서 나 자신을 격동시키고 자극하는 데 이용하여, 마치 영웅의 역을 연기하는 원숭이 배우 같은 표정을 짓는 겁니다. 아아, 리자베트, 내 말을 가로막지 말아요! 솔직히 말하자면, 인간적인 일에는 전혀 참여하지 못하면서 인간적인 것을 표현해내는 일이 가끔은 나를 죽일 만큼 피곤하게 만듭니다. 우리 남자 예술가들은 과연 '남자'일까요? '여자'에게 물어봐야겠군요. '남자' 예술가들은 모두 교황청의 거세된 성가대원들의 운명을 조금씩 타고 태어난 것 같다는 생각이 들어요. 우리는 아주 감동적으로 멋지게 노래를 하긴 합니다. 하지만—"

"토니오, 당신은 부끄러운 줄 아셔야 해요. 자, 이제 차를 마시죠. 물은 금방 끓을 겁니다. 여기 담배도 있어요. '소년' 소프라노 성가대원에 대한 이야기를 하다 마셨어요. 계속 해보세요. 하지만 당신은 부끄러운 줄 아셔야 해요. 당신이 얼마나 강한 자존심과 열정으로 당신의 직업에 헌신하고 있는지를 내가 모르는 줄 아세요?…"

"리자베타 이바노브나, '직업'이라고 말하지 마세요. 문학은 절대로 직업이 아니에요, 당신도 아셔야 합니다, 저주랍니다. 언제부터 이 저주가 느껴지기 시작하는지 아세요? 일찍, 끔찍하게 일찍부터 느껴진답니다. 아직은 당연히 하느님과 더불어 그리고 세상과 더불어 평화롭게 조화를 이루며 살아야하는 그런 이른 나이에 벌써 저주가 찾아옵니다. 당신은 자신에게 어떤 표지 같은 게 찍히는 것을 느끼기 시작하고, 다른 사람들, 평범하고 정상적인 사람들과 알 수 없는 갈등 관계에 있다는 것을 느끼기 시작하는 것이지요. 당신을 이런 사람들과 갈라놓는 아이러니, 불신, 반항, 인식, 감정의 골이 점점 더 깊어지고, 당신은 고독해지고, 더 이상은 서로

간의 이해가 불가능해져 버린답니다. 무슨 운명이 이렇답니까. 당신이 이런 운명을 끔찍하다고 느끼기에 충분할 정도로 가슴이 생기로 넘치고, 사랑으로 벅차있는 사람이라고 가정해봅시다… 당신은 자신이 수천 명 가운데에 섞여 있어도 이마에 새겨진 표식이 모두에게 감지되고, 모두가 그 표식을 알아본다는 것을 느낍니다. 그 때문에 당신의 자의식이 활활 타오르게 되는 겁니다. 난 천재적인 배우를 하나 알고 있었어요. 그런데 그는 하나의 인간으로서는 병적일정도로 소심하고 늘 불안에 떨었어요. 예술가로서는 완벽하지만 인간으로서는 형편없어져 버린 이 사람을 이렇게 만든 것은 출연요청이 적은데다가 지나치게 예민해진 자의식 때문이지요. 예술이 시민적인 직업이 아니라 이미 운명으로 예정된 저주받은 직업일 수밖에 없는 그런 예술가를, 그런 진정한 예술가를 군중들 사이에서 식별해 내는 데에는 그다지 날카로운 혜안이 필요하지도 않답니다. 그의 얼굴에는 자신이 사람들과 격리되어 있고 그들에게 어울리지 않는다는 느낌, 그들에게 인지되고 관찰되고 있다는 느낌, 왕이나 된 듯 우쭐한 동시에 어딘가 당황해하는 모습도 나타나 있죠. 평복을 입고 백성들 사이를 걸어가는 군주의 표정에서 이와 비슷한 모습을 볼 수 있을 겁니다. 그러나 리자베타, 이 경우에는 평복도 소용없답니다. 평복을 하고 가장을 한다 해도, 당신은 휴가 중인 외교관이나 근위대 중위처럼 옷을 입고 있기 때문이죠. 당신이 눈을 뜨고 한마디를 하기가 무섭게 모두가 당신이 보통 사람이 아니라, 낯설고, 이상한 존재, 별난 존재라는 것을 압니다.

대체 예술가란 '어떤 존재인가'라는 물음으로 돌아가 봅시다. 이 질문만큼, 인류란 원래 안이함을 추구하고 인식하는 일에는 나태했다는 것을 아주 적나라하게 보여주는 것도 없을 겁니다. 예술가에게서 감화를 받는 착실한 사람들은 '그것은 천부적인 재능이야'라고 겸손하게 말합니다. 그들은 그런 밝고 숭고한 영향을 주려면 예술가도 틀림없이 밝고 숭고할 것이라고 아주 호의적으로 생각하기 때문이죠. 그래서 이 재능이 최악의 조건하에서 생겨난 극도로 의심스러운 '재능'일지도 모른다고 생각하는 사람은 아무도 없는 거죠. 사람들은 예술가가 쉽게 상처받는다는 것을 압니다. 건전한 양심과 견고한 뿌리에서 나온 감정을 지닌 사람들은 쉽게 상처를 받지 않는다는 것은 이미 잘 알려져 있으니까요. 리자베타, 사실 난 내 영혼 저 밑바닥에서는 ― 정신적인 의미의 비유이긴 합니다만 ― 과연 예술가라는 유형이 따로 있느냐에 대해 '의심'을 하고 있답니다. 저 북쪽의 작은 도시에 살았던 우리 명예로운 조상들이라면 누구나 그분의 집을 방문했던 마술사나 모험을 일삼는 곡예사들 누구에게나 품었을 바로 그런 '의심'을 말입니다. 내 이야기를 더 들어보세요. 난 은행가 한 분을 알고 있는데, 그 백발의 사업가에게는 소설을 쓰는 재능이 있어요. 그는 여유가 생길 때마다 그 재능을 활용하는데, 그의 작품은 종종 아주 우수합니다. 이런 세련된 재능에도 '불구하고' ― 여기에서 나는 '불구하고'라고 말합니다. — 이 분이 완전히 결점이 없는 사람은 아니라는 겁니다. 반대로 이 분은 중형을 선고받고 감옥살이를 한 적도 있는데, 그것도 충분한 근거가 있었죠. 사실 그가 자신의 재능을 알게 된 것도 바로 감옥에서였고, 그의 옥살이 경험이 그의 모든 작품들에 깔린 기본적인 주제가 되었어요. 우리는 여기에서 좀 대담한 추론을 해볼 수도 있을 겁니다. 작가가 되기 위해서는 감옥과 같은 종류의 것에 대해서도 아주 잘 알고 있을 필요가 있다고 말입니다. 그러나 그의 예술가 기질의 뿌리이자 근원은 감옥에서의 체험이라기보다는 '그를 그곳으로 가게 만들었던 요인'일지도 모른다는 의심이 들지 않습니까? '소설을 쓰는 은행가', 그것은 정말 희귀한 일입니다, 그렇지 않아요? '죄를 지은 적이 없는 무결점의 건전한 은행가가 소설을 쓴다', 그런 일은 없습니다. 예, 당신은 웃는군요. 그렇지만 반은 농담이고, 반은 진실입니다. 예술성과 그 인간적 감화의 문제보다 더 골치 아픈 것은 이 세상에 없어요. 가장 전형적인, 그리고 그렇기 때문에 가장 강력한 예술가의 가장 경이로운 작품을 하나를 예로 들어봅시다. 《트리스탄과 이졸데》와 같은 아주 타락하고 심히 외설적인 작품을 예로 들어보자고요, 이 작품이 자신을 아주 정상적이라고 느끼는 건강한 젊은이에게 끼친 영향을 관찰해봅시다. 그 젊은이는 자신의 정신이 고양되고 강해졌다고 느끼고, 따뜻하고 성실한 감동을 받고, 심지어 자기도 '예술적인' 창작활동을 해보고 싶다는 자극을 받았을 지도 모릅니다. 선량한 '문학 애호

가죠. 우리 예술가의 내면을 들여다보면, 이 청년이 자기의 '따뜻한 가슴'과 '정직한 열정'으로 꿈꾸고 있는 것과는 판이한 모습이 펼쳐지죠. 예술가들이 여자들과 청년들에 둘러싸여 환호와 칭송을 받고 있는 광경을 자주 봅니다만, 나는 그들의 진짜 모습을 '꿰뚫고 있어요.' 예술성의 본질과 부수적인 현상들 그리고 그 본질의 조건에 관해서 우리는 항상 아주 기이한 경험을 하게 되는데……"

"다른 예술가들에게서요? 토니오, 미안합니다만, 그저 다른 예술가들에게서만 하는 경험인가요?"

그는 아무 말도 하지 않았다. 그는 비스듬히 난 눈썹을 모아 찡 그리고는 휘파람을 불었다.

"찻잔을 이리 주세요, 토니오. 진한 차가 아니니 더 마시세요. 담배도 더 피우시고. 당신도 아시죠? 당신이 사물을 보듯이 그렇게 꼭 사물을 관찰할 필요가 없다는 것을…"

"리자베타, 그것은 호레이쇼의 대답이군요. 아마 '그렇게 관찰하는 것은 사물을 너무 세밀하게 관찰하는 것 같군요'라는 대답이었죠, 그렇죠?"

"다른 쪽에서도 마찬가지로 그렇게 관찰할 수 있다는 말을 한 것일 뿐이에요, 토니오. 나는 그저 그림이나 그리는 둔한 여자예요. 그런 내가 당신의 말에 대답이라는 것을 할 수 있다면, 그리고 내가 당신의 그 독설로부터 당신 자신의 직업을 조금이라도 보호할 수 있다면, 물론 내가 할 말은 새로운 것이 아닐 테고, 당신 자신이 익히 알고 있을 것을 상기시킬 뿐이긴 합니다만… 그러니까 이를테면, 문학의 정화시키고 신성하게 만들어주는 효과, 인식과 언어를 통한 열정의 파괴, 이해와 용서 그리고 사랑으로 가는 길로서의 문학, 언어의 구원하는 힘, 인간 정신 전체에서 가장 존귀한 현상으로서의 문학적 정신, 문학하는 사람은 완전한 인간, 성인(聖人)과도 같다 — 이렇게 관찰하는 것이 바로 사물을 충분히 정확하게 관찰하는 것이 아닐까요?"

"당신에게는 그렇게 말할 권리가 있어요, 리자베타 이바노브나. 당신네 나라 작가들의 작품, 경배할 만한 러시아 문학을 두고 보면 그렇습니다. 러시아 문학이야말로 정말 진정한 의미에서, 당신이 방금 말한 바로 그런 신성한 문학이지요. 내가 당신의 반론을 고려하지 않았던 것은 아닙니다. 그런 반론들도 오늘 내가 한 생각에 이미 들어 있어요. 나를 보세요. 내가 뭐 유별나게 명랑해보이지는 않죠, 어때요? 약간 나이 들어 보이고 예리해보이고, 피곤해보이죠, 그렇잖아요? 이제, '인식'의 문제로 돌아가 보죠. 태생적으로 선량하고, 부드러운 성격이고, 호의적인데, 약간 감상적이어서 심리적인 통찰력 때문에 아주 쉽게 심신이 지치고 파멸상태에 이르게 되는 인간이 있다고 가정해봅시다. 그는 슬픈 세상일에 압도당하지 않고, 그저 관찰하고 주의 깊게 살피다가 아무리 고통스러운 일이 벌어져도 순응하고, 어떤 존재의 역겨운 일에 대해서도 미리 알고 있었다는 듯이 도덕적 우월감을 드러내며 기분 나쁘지 않은 척해야 합니다. 예, 당연히 그래야 합니다! 하지만 표현을 할 수 있다는 즐거움에도 불구하고 그렇게 행동해야 한다는 것이 가끔은 좀 벅차기도 하지요. 모든 것을 이해한다는 것이 모든 것을 용서한다는 의미일까요? 난 정말 모르겠어요. 내가 '인식의 구토'라 부르는 어떤 것이 있어요. 리자베타. 어떤 일을 통찰하는 것만으로도 벌써 죽고 싶을 만큼 역겹게 느껴지는(그리고 절대로 화해하고 싶은 마음이 들지 않는) 그런 상태 말입니다. 전형적인 작가 유형인, 덴마크 사람 햄릿이 그런 경우죠. 햄릿은 말입니다, 본래 그런 천성을 부여받지도 않았는데 그는 인식하라는 소명을 받는다는 것이 무엇인지를 압니다. 눈물에 젖은 감정의 베일을 뚫고 통찰하고 인식해야 하고, 주의 깊게 살피고 관찰해야 합니다. 손과 손이 서로를 휘어잡고 입술과 입술이 서로를 찾고, 벅찬 감정에 눈이 멀어버린 바로 그 순간에도 그는 웃으면서 방금 관찰한 것을 따로 챙겨두어야 합니다. 리자베타, 이것은 파렴치한 짓이고, 비열하고, 분개해야 할 일입니다… 하지만 화를 낸들 무슨 소용이 있습니까?

이것의 다른 면, 이에 못지않게 재미있는 면이 있는데, 모든 진실에 대해 둔감하고, 무관심하고 반어적이고 지겨워하는 태도가 그런 것입니다. 이 세상에서, 이미 산전수전 다 겪은 노쇠한 학자라는 사람들 틈에 끼어있을 때보다 더 할 말이 없고 지겨울 때가 없다는 것은 사실입니다. 그들에게는 모든 인식이 낡고 지루하니까요. 예를 들어 당신이 그들 앞에서 어떤 진리를 하나 말했다고 생각해봅시다. 당신은 그 진리를 정복하고 자신의 것으로 터득한 것에 대해 아마도 어느 정도는 젊은이다운 즐거움을 느꼈을 겁니다. 그런데 그들은 당신의 평범한 눈뜸에 짧게 콧방귀 뀌는 것으로 응답하고 말 것입니다. 그래요, 문학은 사람을 피곤하게 만들어요, 리자베타. 내가 장담하건데, 인간 사회에서는 순수하게 회의(懷疑)하고 말을 참고 있으면 바보 취급을 받지요, 사실은 단지 거만하고 용기가 없을 뿐인데, 말입니다. 이것이 '인식'에 관한 것입니다. 이제 '언어'에 대해 말해볼까요. 언어는 구원을 하기 보다는 오히려 인간의 감정을 차갑게 만들고 얼음 위에 올려놓는 것이 아닐까요? 진지하게 말하지요. 인간의 감정을 문학적 언어를 통해서 신속하고도 피상적으로 처리해버리는 데에는 작가의 얼음처럼 차갑고 화가 날 정도로 외람된 태도가 숨겨져 있답니다. 당신의 가슴이 터질 것 같고, 당신이 어떤 달콤한 체험이나 숭고한 체험을 하고 아주 감격해있다고 칩시다. 그런 경우, 아주 간단한 방법이 있어요! 작가에게 가면 됩니다. 그러면 모든 것이 순식간에 정리됩니다. 작가는 당신의 일을 분석하고 공식으로 만들고, 이름을 붙이고, 표현을 해서 말이 되어 나오게 합니다. 그리고는 모든 것이 영원히 해결되었으니 이제 관심조차 가질 필요도 없다는 듯이 만들어주고, 그것에 대해 고맙다는 답례조차 필요 없다는 듯한 태도를 취할 것입니다. 당신은 마음이 가벼워지고, 냉정과 분별을 되찾아 집으로 돌아가게 되고, 그 일의 무엇이 당신을 그토록 감미로우면서도 혼란스럽게 만들 수 있었는지에 대해 의아하게 생각하게 될 것입니다. 그런데 당신은 진심으로 이런 냉정하고 허영기 많은 사기꾼의 편을 드실 겁니까? 작가의 신앙 고백에 따르면, 일단 언어로 표현된 것은 처리된 것입니다. 온 세상이 일단 언어로 표현이 되었으면, 세상은 이미 처리되었고, 구원되었고, 끝났습니다. 아주 그럴 듯한 말입니다! 허나 나는 허무주의자가 아니랍니다─"

"아니죠, 당신은─"리자베타가 말했다. 그녀는 막 찻숟가락에 차를 떠서 입으로 가져가려다가 그 자세 그대로 멈췄다.

"맞아요, 맞아… 리자베타. 정신 차리세요. 당신에게 고백하지만, 살아있는 감정에 관한 한 나는 허무주의자는 아닙니다. 작가가 근본적으로 이해하지 못하는 것이 무엇인지 아세요? 삶은 계속되어진다는 사실, 그것이 표현되어지고 '처리되었다' 해도 인간은 그 사실을 부끄러워하지 않고 계속 살아간다는 사실입니다. 보십시오. 문학을 통한 그 모든 구원에도 불구하고 삶은 조금도 굴하지 않고 계속 죄를 짓고 있지 않습니까! 정신의 눈에는 모든 행동이 죄악으로 보일 테니까요.

리자베타, 이제 거의 결론에 도달했어요. 내 말을 잘 들으세요. 나는 인생을 사랑합니다. 이것은 일종의 고백입니다. 이것을 받아주시고 잘 기억해주세요. 나는 아직 아무에게도 이 고백을 한 적이 없습니다. 내가 삶을 증오하거나 두려워하거나 경멸하거나 혐오한다고 말한 사람도 있고, 심지어 그렇게 글로 써서 출판한 사람도 있었습니다. 나는 이런 말을 즐겨 들었고, 그 말이 내 귀에 솔깃하게 들리기도 했습니다. 그러나 그렇다고 그런 단정들의 부당함이 줄어들지는 않습니다. 나는 삶을 사랑합니다. 당신은 웃으시는 군요, 리자베타. 당신이 왜 웃는지 압니다. 제발 부탁인데, 지금 제가 말하는 것을 문학이라고 여기지 말아주세요. 체사레 보르지아[3]나 그를 좋아하는 그 어떤 도취적인 철학을 떠올리지는 마세요! 난 이 체사레 보르지아에게 아무런 의미도 두지 않아요. 나는 그를 조금도 중요하게 여기지 않아요. 난 그런 극단적이고 마성적인 것이 이상(理想)으로 추앙받을 수 있다는 것을 조금도, 아니 결코 이해할 수 없어요. 그래요, 우리 같은 비정상적인 인간들이라고 해서 꼭 정신과 예술의 영원한 대립 개념인 '삶'을 피비린내 나는 위대성과 거친 아름다움에 대한 환상이라거나 비정상적인 것이라고 여기는 것은 아닙니다. 정상적이고 단정하고 사랑스러운 것이야말로 우리가 동경하는 나라이며, 그것이 바로 유혹적인 진부함 속에 있는 삶이랍니다! 사랑하는 리자베타, 일상적인 궤도를 벗어나 겉멋이 들어 보이는 것, 악마적인 것에 깊이 빠져 있는 몽상적인 자는 아직 예술가가 아니죠, 악의 없고 단순하며 생동감 있는 것을 동경할 줄 모르거나, 우정, 헌신, 친밀감 그리고 인간적 행복을 동경할 줄 모르는 자는 아직 예술가라 할 수 없어요. 리자

---

3. Cesare Borgia(1475-1507): 르네상스 시대의 권력 도취적 인간 유형.

베타, 평범함이 주는 쾌락에 대한 은밀하고 애타는 동경을 모르는 자는 아직 예술가가 아니랍니다.

한 명의 인간적인 친구! 나에게 친구 한 명이 있다는 사실만으로 자랑스럽고 행복해질 수 있다는 것을 믿을 수 있겠어요? 그러나 그동안 나에게는 그저 악마들, 요정들, 지하의 괴물들이나 인식으로 말미암아 그만 말을 잃은 유령들, 그러니까 한마디로 글쟁이들 친구밖에 없었어요.

간혹 나는 강단으로 올라가, 내 말을 들으러 온 강당 안의 사람들과 마주하게 될 때가 있습니다. 그럴 때면, 아세요, 청중을 둘러보는 나 자신을 관찰하게 됩니다. 나에게 온 사람들이 누구인지, 어떤 사람들의 갈채와 감사가 나에게로 밀려오는지, 나의 예술이 이곳의 누구와 이상적인 합일을 이룰 것인가 하는 질문을 가슴에 품고 몰래 청중들을 훔쳐보는 나 자신을 발견하게 됩니다. 리자베타, 나는 내가 찾고 있는 것을 발견하지 못합니다. 나는 내가 잘 알고 있는 한 무리의 동호인들을 발견할 뿐입니다. 흡사 초기 기독교도들의 집회 같죠. 성치 않은 몸과 섬세한 영혼을 지닌 사람들, 항상 무엇인가에 걸려 넘어지는 사람들이죠. 말하자면, 당신은 내 말뜻을 이해하시죠? 그들에게는 시(詩)가 삶에 대한 가벼운 복수가 되죠. 언제나 괴로워하는 사람들, 그리움을 가진 사람들 그리고 가엾은 사람들뿐이죠. 다른 부류의 사람들, 예를 들어 파란 눈을 가진 사람들은 오지 않아요, 리자베타, 그들은 정신이 필요 없으니까요!

상황이 다르다면 좋겠다고 생각하는 것은 유감스럽지만 논리적 일관성이 부족한 것이 아닐까요? 삶을 사랑함에도 불구하고 온갖 기교를 동원하여 그 삶을 자기편으로 끌어당기려고 애를 쓰는 것, 그 삶을 섬세함과 우울의 편으로, 문학의 온갖 병든 고상함의 편으로 만들려는 것은 모순이지요. 예술의 공간이 커지면, 지상에서 건강하고 순진무구한 사람들의 공간은 줄어듭니다. 우리는 아직 남아 있는 이 공간을 아주 신중하게 보존해야 하고, 스냅사진이 들어 있는 승마 교본을 즐겨 읽는 사람들이 시를 읽도록 유혹해서도 안 됩니다!

왜냐하면, 사실, 삶이 예술의 세계에서 능력을 발휘하려고 애쓰는 모습이라니, 이보다 더 초라한 모습이 어디 있겠어요? 우리 예술가들은 누구보다도 문학 애호가들을 더 철저하게 경멸합니다. 이 생활인들은 생활을 하면서 기회가 닿으면 한번쯤 예술가가 될 수도 있다고 믿고 있거든요. 단언하지만, 이런 유의 경멸은 내 개인적인 체험에서 나온 겁니다. 훌륭한 집안의 사교 모임에 간 적이 있어요. 사람들은 먹고 마시고 이야기를 하며 서로를 아주 잘 이해했어요. 그래서 나도 잠시 동안이나마 순박하고 정상적인 사람들 사이에서 그들과 동일한 부류로 뒤섞일 수 있다는 것이 기쁘고 고맙기까지 했지요. 갑자기 (실제로 일어난 일이에요) 한 장교가 벌떡 일어났어요. 그런 명예로운 복장을 하고 그런 체신 떨어지는 행동을 할 거라고는 결코 상상도 할 수 없는 소위 계급장을 단 건장하고 잘 생긴 사내였어요. 그가 아주 분명한 어조로 자신이 지었다는 시(詩)를 낭독해도 좋겠냐며 허락을 구하는 겁니다. 사람들은 당황한 미소를 지으며 허락을 했고, 그 사내는 자신의 계획을 실행에 옮기게 되었어요. 그는 그때까지 양복 안주머니에 숨겨두었던 종이를 꺼내 자작시를 낭독했어요. 음악과 사랑에 바치는 뭐 그런 거였는데, 한마디로, 심오한 경험을 한 것 같기는 했지만 별로 감흥을 주지 못하는 시였어요. 정말이지 난 사람들에게 그를 말리라고 부탁하고 싶었어요. 소위나 되는 남자! 세상의 주인인, 그런 그가 뭣 때문에 저런 쓸데없는 짓을 하려고 한단 말인가…! 결국 예상했던 일이 터지고 말았지요. 모두들 실망한 얼굴을 하고 아무 말도 하지 않았고, 그저 몇 사람이 체면치레로 호의적인 몇 마디를 던졌고, 주위에 심히 불편한 분위기가 감돌았어요. 내가 정신적으로 의식했던 최초의 사실은 이 조심성 없는 청년이 그 사교 모임에 끼친 당혹감에 대해 내가 함께 책임을 느끼고 있다는 것이었어요. 그리고 그것은 의심의 여지가 없었어요. 그가 조잡한 짓을 한 대가로 나에게 조소와 경원의 시선이 쏠렸으니까요. 그러나 두 번째로 깨달은 사실은, 조금 전까지만 해도 그 존재와 본성만으로 내가 진심으로 존경했던 이 남자가 갑자기 작게, 아주 작게 보였다는 겁니다. 동정심이 나를 사로잡았어요. 나는 몇몇 다른 마음씨 좋고 호의적인 사람들과 마찬가지로 그에게 다가가 말을 걸었어요. '축하

합니다.' 내가 말했어요. '소위님! 멋진 재능을 지니셨군요! 정말입니다. 아주 훌륭합니다!' 그리고는 하마터면 그의 어깨를 두드려줄 뻔했어요. 그러나 그 소위에게 그런 호의적인 감정을 건네야 했을까요? 그의 탓이긴 해요. 그때 그는 일어나서 몹시 당황해하며 자신이 저지른 오류의 대가를 치르고 있었어요. 자신의 삶을 통째로 바치지 않고도 예술의 월계수를 한 잎 정도는 따도 되겠다고 생각하는 오류 말입니다. 안되지요. 이 점에 관한 한 난 나의 동료인 저 범죄자 은행가와 한통속이랍니다. 그런데, 리자베타, 내가 오늘은 좀 햄릿처럼 말이 많다고 생각하지 않소?"

"이제 끝났나요, 토니오?"

"아뇨, 하지만 그만 하겠습니다."

"그만 하면 충분했어요. 대답을 원하세요?"

"해줄 말이 있어요?"

"있을 것 같아요. 토니오, 처음부터 끝까지 당신의 말을 경청했어요. 오늘 오후에 당신이 했던 모든 말에 해당하는 대답을 하지요. 그것은 당신이 그렇게도 불안해했던 바로 그 문제에 대한 해답이기도 하지요. 거기 그렇게 앉아 있는 당신은 한마디로 한 명의 시민이라는 것입니다."

"내가요?" 그가 이렇게 묻고는 약간 침울해졌다.

"그렇지요, 충격을 받았겠죠. 또 그래야만 하고요. 그래서 제가 형량을 조금 감해드리려고 합니다. 내가 할 수 있는 일이기도 하니까요. 당신은 길을 잘못 든 시민입니다. 토니오 크뢰거, 길 잃은 시민이지요."

침묵이 흘렀다. 이윽고 그가 결심한 듯 일어나 모자와 스틱을 집었다.

"고맙습니다, 리자베타 이바노브나. 이제 안심하고 집에 갈 수 있을 것 같습니다. 난 '처리되어' 버렸으니까요."

5

가을 무렵에 토니오 크뢰거가 리자베타 이바노브나에게 말했다.

"이제 여행을 가려고 해요, 리자베타. 바람을 좀 쐬어야겠어요. 일단 떠나서, 먼 곳으로 가려고 해요."

"아저씨, 어디로, 다시 이탈리아로 갈 생각인가요?"

"맙소사, 리자베타, 나에게 이탈리아라는 말은 하지도 마세요. 이탈리아는 경멸할 만큼 관심이 없으니까요. 내가 그 나라에 속한다고 상상했던 그런 시절은 이미 오래 전에 지나갔으니까요. 예술? 우단처럼 파란 하늘, 열정의 와인, 감미로운 관능… 한마디로, 이제 그런 것이 싫습니다. 이제는 포기했어요. 그 모든 남국의 열정이 내 신경을 건드립니다. 또 동물적인 검은 눈을 가진 끔찍하도록 생동적인 사람들이 싫습니다. 그 라틴 족의 눈에는 양심이라곤 없어요. 그래요. 난 덴마크 쪽으로 가렵니다."

"덴마크로요?"

"그래요. 이번 여행이 나에게 좋을 것이라고 약속할 수 있어요. 난 우연히도 그렇게 북쪽까지는 가보지 못했어요. 어린 시절 내내 국경 근처에 살았었는데도 말이에요. 그럼에도 불구하고 난 오래 전부터 그 나라에 대해 알고 있었고, 그 나라를 사랑했어요. 아마도 이런 북구적 경향은 아버지에게서 물려받았을 겁니다. 어머니는 원래 남국적인 아름다움을 좋아했어요. 하기야 어머니에게는 모든 것이 아무래도 좋았지만요. 그러나 리자베타, 저 북쪽에서 나오는 책들, 심오하고 순수하고 유머가 있는 책들을 생각해보세요. 그보다 더 좋은 책은 없어요. 난 그 책들을 사랑한답니다. 저 스칸디나비아식 식사를 생각해보세요. 강한 바닷바람 속에서만 먹을 수 있는(내가 여전히 그런 식사를 할 수 있을지는 모르겠지만요), 그 무엇과도 비교할 수 없는 식사를 생각해보세요. 어릴 적, 집에서 먹었기 때문에 태생적으로 조금은 알고 있는 그런 식사를. 또 이름들도 떠 올려보세요. 저 위쪽에 사는 사람들이 장식처럼 달고 다니는 이름을, 내가 살던 고향에서 많은 사람들이 그렇게 불린 이름들을, '잉에보르크' 같은 이름이 내는 울림을, 흠이라고는 찾을 수 없는 한 편의 시처럼 울리는 하프의 소리를 내는 이름을 생각해보세요. 그리고 그 바다를 생각해보세요, 저 위쪽에는 발트해가 있어요! 한마디로, 전 위쪽으로 갈 겁니다, 리자베타. 난 발트해를 다시 보겠어요, 그 이름들을 다시 듣고 싶어요, 그 책들을 바로 그곳에서 읽고 싶어요. 나는 또 '유령'이 햄릿에게 나타나, 그 가없고 귀한 청년을 괴롭히고 죽음에 이르게 했던 바로 그 크론보르크의 성채에도 오를 겁니다…"

"어떻게 가려는지, 물어봐도 될까요, 토니오? 어떤 코스로 갈겁니까?"

"일반적인 코스로 갑니다." 그는 어깨를 으쓱하며 말했고, 눈에 띠게 얼굴이 벌개졌다. "그래요, 리자베타. 난 나의 고향, 13년의 세월이 지나고 난 후, 나의 출발점을 지나려고 해요. 상당히 이상한 여행이 될 수도 있겠지만요."

그녀는 빙그레 웃었다.

"내가 듣고 싶었던 말이 바로 그거예요, 토니오. 그럼 무사히 잘다녀오세요. 내게 편지 쓰는 것도 잊지 마세요. 들었죠? 많은 경험이 담긴 편지가 되리라 확신해요, 당신의 덴마크 여행이…"

6

토니오 크뢰거는 북쪽을 향해 길을 떠났다. 그는 약간은 사치스럽다할 정도로 편안하게 여행했다(내적인 괴로움이 많은 사람에게는 외적인 쾌적함을 누릴 자격이 조금은 있다는 것이 그의 평소 지론이기도 했다). 그는 중간에 쉬지 않고, 그가 오래 전에 떠나온 소도시의 탑들이 잿빛 하늘 위에 우뚝 솟은 채 그의 앞에 나타날 때까지 계속 여행했다. 그곳에서 그는 짧지만 특이한 체류를 하게 되었다.

기차가 좁고 검게 그을린, 그래서 이상할 정도로 친근하게 와닿는 역사 안으로 들어설 때는 이미 우중충한 오후가 저녁으로 넘어가고 있었다. 더러운 유리 지붕 아래에는 여전히 연기가 몇 뭉치씩 둥그렇게 무리지어 길쭉하게 찢어져서 여기저기로 흩어지고 있었다. 이런 광경은 그 옛날 토니오 크뢰거가 가슴에 조소만 가득

담은 채 이곳을 떠날 때와 똑같았다. 그는 가방을 찾아, 호텔로 옮기도록 조치하고 역을 나왔다.

밖에는 터무니없이 높고 넓은 검정색의 이륜마차들이 일렬로 서 있었다. 그는 마차를 타지 않고 유심히 바라보기만 했다. 그는 마차뿐 아니라, 모든 것들을 바라보았다. 이웃한 지붕들을 내려다보며 인사를 하는 삼각형의 좁은 지붕들과 뾰족한 탑들을, 그리고 그의 주변에서 오가며, 질질 끌면서도 빠른 말투로 대화하는 느슨하고 조야한 금발의 사람들을 바라보았다. 그의 내면에서는 흐느낌과도 같은 신경질적인 웃음이 터져 나오려 했다. 그는 걸었다, 천천히, 계속 얼굴로 몰아치는 축축한 바람의 압력을 받으며, 신화 속 인물의 입상이 난간에 서 있는 다리 위를, 그리고 항구를 따라 한 블록 정도를 걸었다.

세상에, 이 모든 것이 얼마나 왜소하고 촌스러운가! 그 긴 세월 동안에도 여기 이 협소한 집들 사이로 난 골목길은, 여전히 우스꽝스러울 정도로 가파르게 시내 쪽으로 뻗어 올라가고 있었단 말인가? 배의 굴뚝들과 돛대들은 흐린 강물 위에서 바람을 맞으며 저녁노을 속에서 가볍게 흔들리고 있었다. 그의 심중에 있는 그 집에 가려면 저기 저 길로 올라가야 할까? 아니, 내일 가자. 지금은 몹시 졸렸다. 오랜 여행으로 머리가 무거웠고, 안개처럼 희미한 생각들이 천천히 그의 가슴속으로 스쳐 지나갔다.

지난 13년 동안 위(胃)에 탈이 날 때면 언제나, 그는 비탈진 골목길에 있는, 그 안에서는 모든 소리가 쩌렁쩌렁 울리는 고택에 살고 있는 꿈을 꾸곤 했다. 아버지도 그곳에 계셨고, 그의 방탕한 생활 때문에 그를 심하게 꾸중하셨고, 그는 매번 그런 꾸중을 매우 당연한 것으로 여겼다. 그런데 지금 현재의 상태도, 그를 미혹하는 것인 줄 알면서도 찢어버리지 못하는 꿈의 그물과 조금도 다르지 않았다. 그런 꿈속에서 사람들은 꿈인지 생시인지 자문하고는 어쩔 수 없이 생시라고 믿어버리곤 하지만 결국에는 깨어나지 않던가…. 그는 사람이 거의 없는 바람 부는 거리를 걸었다. 머리를 숙이고 바람을 맞받으며 몽유병자처럼 호텔 방향으로, 그가 생각해둔, 이 도시에서 가장 좋은 호텔 방향으로 걸어갔다. 다리가 휜 남자 하나가 끝에 조그만 불씨가 있는 긴 장대를 하나 들고 흐느적거리는 뱃사람의 걸음걸이로 그의 앞을 지나 가스등에 불을 붙였다.

그런데 그의 기분은 어떤가? 피곤의 잿더미 아래에서 다시는 불꽃을 피우지 않을 듯이 그렇게 어둡고 고통스럽게 타고 있는 이것들은 다 무엇이란 말인가? 조용히, 조용히, 아무 말도 하지 말자. 한마디도 하지 말자. 그는 바람을 맞으며 이 친숙한 어둑어둑한 골목길을 꿈속에서처럼 마냥 걷고 싶었다. 그러나 모든 것이 이토록 좁고 다닥다닥 붙어있었더란 말인가. 그는 금세 목적지에 닿았다.

도시의 높은 지대에는 아치형의 가로등이 있었고, 방금 불이 켜졌다. 그곳에 호텔이 있었다. 그 앞에는 그가 어릴 적 무서워했던 검정 돌사자가 두 마리 있었다. 여전히 사자들은 재채기라도 하려는 듯한 표정으로 서로 마주보고 있었다. 사자들은 그때보다 훨씬 작아진 것처럼 보였다. 토니오 크뢰거는 사자들 사이로 걸어 들어갔다.

호텔까지 걸어온 그는 별로 환영을 받지 못했다. 수위와 검정색 예복을 입은 신사가 그를 맞았다. 그 신사는 인사를 하며 가느다란 손가락으로 끊임없이 커프스단추를 소매 안으로 밀어 넣고 있었다. 두 사람은 그를 조사하듯 그리고 계량하듯 정수리에서 발끝까지 훑어보았고, 그의 사회적 지위를 어느 정도 규정하고 그의 계급을 대충 어림잡아 그들이 그에게 어떤 대접을 해야 하는지를 정하려고 애쓰는 모습이 역력히 드러났다. 그러나 안심할만한 결과를 얻을 수 없게 되자 그들은 중간 정도의 대접을 하기로 결정을 내린 듯했다. 양 볼에 연한 금발의 구레나룻에, 오래되어 반들반들한 연미복을 입고, 소리 나지 않는 장미꽃 장식이 있는 구두를 신은 온순해 보이는 급사가 그를 두 개 층 위로 데리고 올라가 깨끗하고 고풍스럽게 실내 장식을 한 방으로 안내했다. 창문 밖에는 초저녁의 희미한 불빛 속에서 가정 집 마당들, 삼각형의 좁은 지붕들 그리고 호텔 근처에 있는 교회의 기이한 건물들이 중세와 같은 아름다운 풍경을 만들었다. 토니오 크뢰거는 한동안 이 창문 앞에 서 있었다. 그런 다음 그는 팔짱을 끼고 널따란 소파 위에 앉으며 이마를 찡그려 양 눈썹을 모으고 휘파람을 불었다.

그의 가방이 배달되었고, 등불을 들고 들어온 온순한 급사가 탁자 위에 숙박계를 올려놓았다. 토니오 크뢰거는 거기에 고개를 비스듬히 하고 이름, 직업 그리고 출생지와 같은 것들을 기입했다. 그런 다음 그는 저녁 식사를 주문하고, 내내 소파 구석에 앉아 허공을 응시했다. 식사가 배달된 뒤에도 그는 오랫동안 음식에는 손도 대지 않고 있다가 마침내 한두 입을 먹었다. 그 뒤에도 한 시간 가량 방안에서 이리저리 왔다 갔다 하며 가끔 멈춰 서서 두 눈을 감고 있기도 했다. 그런 다음 그는 천천히 옷을 벗고 침대로 갔다. 그는 이상하게 그리움이 담긴 어지러운 꿈을 꾸며 오랫동안 잠을 잤다.

잠에서 깨어났을 때 방안이 밝은 빛으로 가득했다. 혼란스러운 기분으로 서둘러 그곳이 어딘지 생각해냈고, 벌떡 일어나 커튼을 열었다. 이미 약간 연해진 늦여름의 파란 하늘엔 바람에 찢겨 엷은 구름 조각들로 줄무늬가 져 있었지만, 해는 그의 고향 도시 위에서 빛나고 있었다.

그는 보통 때보다 더 세심하게 몸치장을 했다. 최선을 다해 깨끗이 씻고 면도를 했으며, 마치 스마트하고 흠잡을 데 없는 인상을 주어야 하는 명문가라도 방문하려는 듯이 산뜻하고 깨끗하게 단장을 마쳤다. 그리고 옷을 입는 동안에도 불안하게 두근거리는 심장 박동에 가만히 귀를 기울였다.

저 밖은 지금 얼마나 밝은가! 차라리 어제처럼 거리에 땅거미가 깔려 있었더라면 마음이 더 편안할 것 같았다. 그러나 지금은 사람들이 그를 바라보는 가운데 밝은 햇빛을 받으며 걸어가야 한다. 아는 사람이라도 만나 걸음을 제지당하고, 지난 13년 동안 어떻게 지냈느냐는 질문이라도 받게 되고, 그것에 대해 대답을 해야 하는 일이라도 생기면? 아니야, 다행히 여기서 그를 아는 사람은 아무도 없다. 그를 기억하는 사람이 있다 해도 그를 알아보지는 못할 것이다. 왜냐하면 그는 그동안 확실히 변했기 때문이다. 그는 거울에 비친 자기 자신을 주의 깊게 관찰했다. 그리고 문득 이 가면 뒤에서라면, 자기의 나이보다 늙어 보이는, 일찍 온갖 풍상을 다 겪어버린 얼굴 뒤에서라면 꽤 안전할 것이라고 느꼈다. 그는 방에서 아침 식사를 주문했다. 식사를 마치고 밖으로 나갔다. 수위와 검정 예복을 입은 신사의 깔보는 시선을 받으며 현관의 홀을 지나 두 마리의 돌사자 사이를 뚫고 밖으로 나왔다.

자, 어디로 가지? 그 자신도 확실히 알 수 없었다. 어제와 같았다. 주변에서 이 묘하게 위엄 있고, 아득히 옛날부터 친한 듯 나란히 다닥다닥 붙어 있는 협소한 지붕들, 첨탑들, 아치형 통과로들, 우물을 다시 보게 되자마자, 아득히 먼 꿈에서 불어오는 부드러우면서도 쓰디쓴 향내가 함께 느껴지는 바람, 그 강한 바람의 압력을 다시 얼굴에 느끼자마자, 마치 안개그물로 된 베일과도 같은 그 무엇이 그의 의식을 덮어버리는 듯 했다. 그의 얼굴 근육이 확 풀렸다. 그는 차분해진 시선으로 사람들과 주위를 관찰했다. 저기 저 길모퉁이에 이르러서 잠에서 깨어나 버리면….

어디로 가지? 그가 접어든 이 방향이 마치 간밤에 꾼 이상하게도 회한으로 가득한 슬픈 꿈과 관계가 있는 것 같은 기분이 들었다. 그는 시청의 아치형 통과로 아래를 지나 시장으로, 정육점 주인이 피 묻은 손으로 고기를 재고 있는 시장으로 갔다. 높고 뾰족한 고딕식 아치지붕으로 장식한 우물이 있는 시장의 광장으로 갔다. 그곳에 도착한 그는 어느 집 앞에서, 여느 다른 집들과 마찬가지로 좁고 소박한 활 모양으로 휘어진 지붕을 바라보느라 여념이 없었다. 그는 현관에 달린 문패를 읽고 한동안 창문을 하나하나 눈여겨 바라보았다. 그런 다음 그는 천천히 몸을 돌려 계속해서 걸어갔다.

어디로 가지? 고향집 방향으로 걸어가고 있었다. 그러다 그는 우회해서, 성문 바깥쪽으로 잠시 산책을 했다. 시간이 충분했기 때문이다. 그는 물레방앗간과 홀스텐 성문 둑길을 지나 걸으며 나무들 사이에서 씩씩거리며 불어대는 바람에 모자가 날아가지 않도록 꼭 붙들었다. 이윽고 그는 역에서 멀지 않은 둑길에서 벗어나며 연기를 내뿜으면서 굼뜨면서도 조급하게 달려오는 기차를 바라보았다. 그는 심심풀이로 차량을 세어보았으며, 맨 끝 칸에 꼿꼿하게 앉아있는 남자를 보았다. 보리수나무가 있는 광장에 이르렀을 때, 그는 한 멋진 빌라 앞에서 걸음을 멈추고 오랫동안 정원 안쪽을 살펴보고, 창문을 올려다보다가 마침내 대문의 돌쩌귀를 이리저리 흔들어 삐거덕거리는 소리를 냈다. 그런 다음 그는 한동안, 차가워

지고 녹물이 든 자기 손을 바라보다가 계속해서 걸었다. 나지막한 낡은 성문을 통과해서, 항구를 따라 걸었고, 바람이 불고 있는 가파른 오르막 골목길을 걸어서 부모님의 집으로 갔다.

고향집은 지붕이 조금 더 높은 이웃집들 사이에 낀 채 벌써 300여 년 동안 그렇게 잿빛으로 진지하게 그곳에 서 있었다. 토니오 크뢰거는 대문 위쪽에서 반쯤 퇴색해버린 글자를, 경건한 격언을 읽었다. 그러고 나서 그는 호흡을 한번 깊게 하고 안으로 들어갔다.

그의 심장이 불안하게 뛰었다. 왜냐하면 그가 지금 걸어가고 있는 평평한 마당에서 이어지는 문들 중 하나에서 금방이라도 아버지가, 사무복을 입고 귀에 펜을 꽂은 채 나오시며 그의 무절제한 생활에 대해 엄하게 꾸중을 하실 것 같았기 때문이었다. 물론 그는 그런 꾸지람을 아주 당연한 것으로 받아들이긴 했었다. 그런데 그는 아무런 제지도 받지 않고 그곳을 지나갔다. 현관의 덧문은 잠겨있지 않고 반쯤 열려 있었는데, 이런 일은 야단맞을 만하다고 느끼는 것과 동시에 다른 한편으로는 마치 여느 가벼운 꿈에서처럼 장애물들이 저절로 물러나면서, 경이로운 행운의 은총을 받은 양 아무런 방해를 받지 않고 앞으로 나가는 기분이 들었다. 큼지막한 사각형의 돌들이 깔린 넓은 복도로 걸어 들어가자 그의 발자국 소리가 크게 울렸다. 조용한 부엌의 건너편에는 예나 다름없이 상당히 높은 곳에 이상하게 거칠지만 깨끗하게 칠해진 작은 목조 방들이 벽에서 앞으로 툭 튀어나와 있었는데, 이곳은 하녀들의 방이었다. 이곳에 올라가려면 이동 사다리를 이용해야 했다. 그러나 이곳에 서 있던 커다란 장(欌)들과 조각이 새겨진 궤짝들은 없었다. 이 집의 아들은 육중한 계단을 올라가면서, 구멍이 숭숭 뚫린 흰색 나무 난간을 손으로 짚었다. 그는 걸음을 옮길 때마다 손을 쳐들었다가 다시 가볍게 난간에 올려놓곤 했는데, 마치 견고한 낡은 난간에서 예전의 친밀감을 다시 불러오려는 수줍은 시도를 하는 듯했다. 그러나 그는 중간층으로 들어가는 입구 앞의 층계참에서 걸음을 멈췄다. 그 문에 흰색의 간판이 걸려 있었는데, 거기에는 검정 글씨로 '민중 도서관'이라 적혀 있었다.

'민중 도서관'이라고? 그는 생각해 보았다. 왜냐하면 그는 이곳이 민중이라든가, 문학과는 무관한 곳이라 여겼기 때문이다. 그는 문을 두드렸다. 들어오라는 소리가 들렸고, 그는 안으로 들어갔다. 그는 긴장을 하고 있었고, 실내가 어두워 잘 보이지 않았지만, 상당히 어울리지 않는 변화를 눈치 챘다.

그 층에는 방이 세 개가 연달아 있었는데, 방문은 열려 있었다. 어두운 서가에 일렬로 꽂혀 있는, 같은 형태로 제본된 책들이 거의 천장에 닿을 정도로 벽들을 가득 메웠다. 각 방에는 초라한 행색의 남자가 카운터 같은 책상에 앉아서 뭔가를 쓰고 있었다. 그들 중 두 명만이 토니오 크뢰거 쪽으로 고개를 돌렸을 뿐이었다. 첫 번째 남자가 벌떡 일어나 두 손은 책상에 기댄 채 고개는 앞으로 쑥 내밀고 입술은 오므리고 눈썹은 치켜 올리고 눈은 계속 깜빡거리면서 방문객을 쳐다보았다.

"실례합니다." 토니오 크뢰거가 많은 책들에서 눈길을 떼지 않고 말했다. "전 여행객입니다. 이 도시를 관광하고 있습니다. 이곳이 민중 도서관인가요? 잠깐 책들을 둘러보아도 될까요?"

"물론이죠!" 직원이 말하고 더 자주 눈을 깜빡였다. "그럼요. 누구에게나 개방되어 있습니다. 그저 둘러보시기만 하시겠습니까? 아니면 도서 목록을 드릴까요?"

"괜찮습니다." 토니오 크뢰거가 대답했다. "혼자서도 찾을 수 있을 겁니다." 그러면서 그는 벽을 따라 천천히 움직이기 시작하면서 책의 제목들을 보는 척했다. 마침내 그가 책을 한 권 뽑아들고 창가로 가 섰다.

이곳은 아침 식사를 하던 방이었다. 저 위쪽에 파란 융단으로 장식한 벽에 신들의 하얀 흉상이 돌출되어 걸려 있던 큰 식당이 있었지만, 아침 식사는 주로 여기에서 했다. 저쪽 방은 침실이었는데, 친할머니가 그곳에서 돌아가셨다. 할머니는 고령이었지만 오랜 투병 끝에 돌아가셨다. 그분은 인생을 즐기는 사교계의 여성으로 생에 집착했다. 그리고 얼마 후 그 방에서, 단춧구멍에 들꽃을 꽂고 다니시던, 키가 훤칠하게 크고 정확하며 약간 감상적이고 명상적인 신사인 아버지 자신도 마지막 숨을 거두셨다. 토니오는 당시 그 침대의 발치에 앉아서, 사랑과 고통이, 말할 수 없는 강한 감정이 복 바쳐 진심으로 뜨거운 눈물을 흘렸었다. 그의 어머니도, 그의 아름답고 정열적인 어머니도 뜨거운 눈물을 쏟으며 침대 곁에 무릎을 꿇고 앉아 있었다. 그런 다음 어머니는 남국의 예술가와 함께 파란 하늘의 머나먼 나라로 떠나버렸다. 세 번째 방, 마찬가지로 책들로 가득차고 초라한 남자가 지키고 있는 이 작은 방은 오랜 세월동안 그 자신의 방이었다. 학교가 파한 후나, 지금처럼 산책을 마친 후에 그는 그 방으로 돌아왔었다. 저쪽 벽에는 그의 책상이 있었고, 책상 서랍에는 그의 은밀하고 볼품없는 습작 시들이 숨겨져 있었다. 호두나무… 가슴 찡한 애절함이 그를 파고들었다. 그는 비스듬히 서서 창밖을 내려다보았다. 정원은 황량했지만, 늙은 호두나무는 그 자리에 그대로 서 있었고, 나뭇가지들이 바람에 서로 부딪치며 쩍쩍 힘겨운 소리를 냈다. 토니오 크뢰거는 두 손에 들고 있는 책으로 시선을 돌렸다. 그도 잘 알고 있는 우수한 문학 작품이었다. 그는 검정 글씨의 몇 줄과 단락들을 그저 눈으로만 따라가다가, 한동안 예술성이 풍부한 문장들을 읽었다. 문학적으로 형상화하려는 열정으로 핵심적인 효과를 내며 상승했다가는 이내 차분해지는 데 성공하는 문장들을 읽어 내려갔다.

"그것 참 잘 썼군." 그가 이렇게 말하면서 책을 제자리에 꽂고 돌아섰다. 그때 그는 직원이 여전히 똑바로 서서 열성적인 근무 태도와 사려 깊은 의혹이 뒤섞인 표정으로 두 눈을 껌벅이고 있는 것을 보았다.

"제가 보기에, 아주 훌륭한 책들이 모여 있군요." 토니오 크뢰거가 말했다. "대충 살펴보았어요. 감사합니다. 안녕히 계십시오." 그러면서 그는 문 밖으로 나왔지만, 그것은 어딘가 어색한 퇴장이었고, 그는 그 직원이 그의 방문에 불안해하고 있으며 여전히 1-2분 정도 그대로 서서 눈을 껌벅이고 있는 것을 분명히 느낄 수 있었다.

그는 집안으로 더 들어가고 싶지 않았다. 그는 고향 집에 와 있었다. 위층의 주랑(柱廊) 뒤쪽에 있는 큰 방들에는 다른 사람들이 살고 있는 모양이었다. 왜냐하면 계단 끝이, 이전에는 없었던 유리문으로 막혀 있었고, 문패 같은 것이 걸려 있었다. 그는 그곳을 떠나 계단으로 내려와 발소리가 크게 울리는 복도를 지나 고향집에서 완전히 나왔다. 어느 식당의 구석진 자리에서 그는 혼자 생각에 잠겨 기름진 무거운 음식으로 식사를 하고 호텔로 돌아왔다.

"볼일이 끝났습니다." 그는 검정 예복을 입은 호텔 직원에게 말했다. "오후에 체크아웃 하겠소." 그리고는 계산서를 달라고 하고, 코펜하겐 행 증기선을 탈 수 있는 항구로 데려다 줄 마차를 주문했다. 이렇게 말하고 그는 방으로 올라가 조용히 책상에 똑바로 앉았다. 그리고는 양 볼을 두 손으로 받치고 초점 없는 눈길로 책상 위를 보았다. 얼마 후 그는 계산을 마치고 짐을 챙겼다. 정확한 시간에 마차가 도착했다는 전갈이 왔다. 토니오 크뢰거는 떠날 채비를 하고 내려왔다.

아래 층, 계단 끝에 검정 예복을 입은 직원이 그를 기다리고 있었다.

"죄송합니다!" 그가 말하며, 가느다란 손가락으로 커프스단추를 소매 안으로 밀어 넣었다. "손님, 실례합니다만, 잠깐 드릴 말씀이 있습니다. 이 호텔 사장이신 제하제 씨가 당신과 몇 마디 나누고 싶어 하십니다. 형식적인 것입니다. 사장님이 저 뒤에서 기다리고 계십니다. 저하고 함께 가주시겠습니까? 그곳에는 이 호텔의 소유자이신 사장님 '혼자만' 계십니다."

그렇게 말하고 그는 따라오라는 몸짓을 하며 토니오 크뢰거를 프런트 홀의 뒤편으로 데리고 갔다. 그곳에는 실제로 제하제 씨가 서 있었다. 토니오 크뢰거는 그를 단번에 알아보았다. 그는 키가 작고 뚱뚱하고 다리가 휘었다. 면도질을 한 그의 구레나룻은 하얗게 세었지만, 그는 아직도 넓게 재단한 연미복을 입고 있고 초록색으로 수를 놓은 비로드 모자를 쓰고 있었다. 더욱이 그는 혼자가 아니었다. 그의 옆, 벽에 붙여놓은 작은 간이 탁자 곁에는 투구를 쓴 경관이 서 있었다. 그 경관은 앞의 탁자에 있는 알록달록한 서류들 위에 장갑을 낀 오른손을 올려놓고 진지한 군인의 얼굴을 하고 토니오 크뢰거를 바라보았는데, 마치 상대를 보자마자 한 대 쳐서 바닥에 넘어뜨릴 기세였다.

토니오 크뢰거는 두 사람을 번갈아 보면서 말없이 기다렸다.

"뮌헨에서 오셨죠?" 마침내 경관이 호의적이며 묵직한 소리로 물었다.

토니오 크뢰거가 그렇다고 했다.

"코펜하겐으로 여행하신다고요?"

"예, 덴마크의 해수욕장으로 가는 길입니다."

"해수욕장요? 그렇군요. 증명서를 보여주셔야겠습니다." 경관은 '보여 달라'는 말에 특별히 만족스럽다는 듯이 발음했다.

"증명서라…" 그는 증명서가 없었다. 그는 손가방을 꺼내, 열어 보았지만, 지폐 몇 장과, 그가 여행 목적지에서 끝내려고 생각하고 있는 단편의 교정쇄만 들어 있었다. 그는 관리들과 상대하기를 좋아하지 않아서 지금껏 여권도 발급받은 적이 없었다.

"미안합니다." 그가 말했다. "증명서가 없는데요."

"그래요?" 경관이 말했다. "증명서가 없다고요? 이름이 뭐죠?"

토니오 크뢰거가 대답했다.

"정말입니까?" 경관이 물었고, 허리를 쭉 펴면서 갑자기 콧구멍을 한껏 크게 벌름거렸다.

"사실입니다." 토니오 크뢰거가 대꾸했다.

"직업이 뭐요?"

토니오 크뢰거는 침을 꿀꺽 삼키고, 단호한 목소리로 직업을 댔다. 제하제 씨가 고개를 들고 호기심에 차서 그의 얼굴을 올려다보았다.

"흠!" 경관이 말했다. "모모라는 이름의 인물과 동일인이 아니라고 진술하시는 군요." 그가 "인물"이라고 말하면서 알록달록한 서류들에서 여러 민족의 철자들이 모험적으로 뒤섞인 것으로 보이는 아주 복잡하고 낭만적인 이름 하나의 철자를 하나하나 불러주었는데, 토니오 크뢰거는 듣자마자 곧바로 잊어버렸다. "양친도 알 수 없고 신분도 확실하지 않은 그 인물은" 하고 경관이 계속 말했다. "여러 가지 사기와 그 밖의 범법 행위 때문에 뮌헨 경찰이 지명수배를 내렸고, 아마도 덴마크로 도주 중에 있다고 하던데?"

"그 인물과 저는 동일인이 아닐 뿐더러…" 하고 말하면서 토니오 크뢰거는 신경질적으로 어깨를 으쓱해 보였다. 이런 동작이 그 어떤 인상을 불러 일으켰다.

"뭐라구요? 아아, 그러시겠지요." 경관이 말했다. "허나 당신은 아무것도 증명할 수가 없잖소!"

제하제 씨도 중재라도 할 듯이 끼어들었다.

"이 모든 것은 형식적인 절차입니다." 그가 말했다. "그 이상 아무것도 아닙니다. 이 경관은 그저 자기 직분을 하고 있을 뿐이라는 점을 생각해주셔야 해요. 당신이 어떻게든 신분을 증명해줄 수 있다면… 무슨 서류라도…"

아무도 입을 열지 않았다. 그는 자신의 정체를 알림으로써, 제하제 씨에게 그가 알 수 없는 신분의 사기꾼도 아니고, 태생적으로 초록색 마차나 타고 다니는 집시도 아니고, 그는 크뢰거 영사의 아들, 크뢰거 가문의 자손이라는 것을 알림으로써 이 해프닝에 종지

부를 찍어야하는 것일까? 아니, 그는 조금도 그러고 싶지 않았다. 그러나 시민적인 질서를 지키려는 이 남자들의 태도는 근본적으로 조금은 옳았고, 그도 어느 정도까지는 그들의 견해에 동의했다. 그는 어깨를 으쓱해보이고는 입을 다물었다.

"저기 저 안에 뭐가 들어있습니까?" 경관이 물었다. "거기 손가방 안에 말입니다."

"여기요? 아무것도 아니요. 교정쇄요." 토니오 크뢰거가 대답했다.

"교정쇄라고요? 그게 뭡니까? 좀 봅시다."

그래서 토니오 크뢰거는 그에게 자신의 작품을 건넸다. 경관이 교정쇄들을 탁자 위에 펼쳐 놓고 읽기 시작했다. 제하제 씨도 가까이 다가가 함께 읽었다. 토니오 크뢰거는 그들의 어깨 너머로 그들이 어디를 읽는지 살폈다. 그것은 괜찮은 대목으로 그가 탁월한 솜씨를 발휘하여 쓴 핵심적인 효과를 내는 부분이었다. 그는 흡족했다.

"보세요." 그가 말했다. "거기 제 이름이 있습니다. 제가 그걸 썼고, 이제 곧 출판될 겁니다. 아시겠어요?"

"자, 이것으로 충분합니다." 제하제 씨가 단호하게 말하고 원고들을 모아 정돈해서 그에게 돌려주었다. "이것으로 충분해, 페터젠!" 그는 짧게 다시 한 번 말하고, 슬쩍 눈을 감아보이고는 그만두라고 머리를 가로저었다. "우리는 이 신사를 더는 붙잡아 두어서는 안 되네. 마차가 기다리고 있어. 이 작은 해프닝을 용서해주길 바랍니다, 손님. 경관은 의무를 다했을 뿐입니다. 아, 물론 저는 그가 잘못 짚었다고 말해주었죠…"

'그러셨어?' 토니오 크뢰거는 속으로 생각했다.

경관은 완전히 동의할 수 없는 것 같았다. 아직도 그는 "인물"이라든지 "보여주어야 한다"는 등의 말을 하면서 이의를 제기했다. 그러나 제하제 씨가 거듭 유감을 표하면서 그의 손님을 프런트로 인도해서 두 마리의 사자 사이를 지나 마차까지 배웅했다. 그리고 손님이 마차에 오르자 그는 경의를 표하면서 직접 마차의 문을 닫아주기까지 했다. 그러자 우스꽝스럽게 높고 넓은 마차는 삐걱삐걱 달그락달그락 소음을 내며 가파른 골목길을 내려가 항구로 향했다.

이것이 토니오 크뢰거가 고향 도시에 머물며 겪은 기이한 사건이었다.

7

밤이 내리 깔리고 있었다. 토니오 크뢰거가 탄 배가 넓은 바다에 들어섰을 때는 이미 출렁이는 은빛 광채 속에서 달이 솟아오르고 있었다. 그는 점점 거세지는 바닷바람을 막기 위해 외투로 몸을 감싸고 뱃머리의 돛대 근처에 서서 저 아래의 세찬 파도들이 반짝이며 어둠 속에서 이리저리 이동하고 표류하는 모습을 내려다보았다. 파도들은 서로 뒤엉키기도 하고, 철썩대며 부딪치기도 하고 예기치 않은 방향으로 갈라져 가다가 갑자기 거품을 내며 하얗게 반짝였다.

그네를 탄 듯도 하고 은은하게 황홀하기도 한 기분이 그를 사로잡았다. 고향에서 그를 사기꾼으로 체포하려고 했던 해프닝으로 인해 그의 기분이 약간 저조했었다. 물론 그가 그것을 어느 정도는 당연하다고 여기긴 했지만… 그런 일이 있고 난 후 배에 승선한 그는, 소년 시절에 가끔 아버지와 함께 그랬던 것처럼, 화물이 선적되는 광경을, 덴마크어와 저지독일어를 섞어 큰 소리로 외치며 증기선의 깊숙한 화물칸을 채우는 광경을, 포장된 짐꾸러미들과 상자들 외에도 북극곰 한 마리와 뱅골호랑이 한 마리가 굵은 쇠창살 우리에 갇힌 채 옮겨지는 광경을 구경했다. 아마도 이 동물들은 함부르크에서 덴마크의 어느 서커스단으로 가는 중인 것 같았다. 이러한 광경이 그의 기분을 풀어주었다. 그 후에 배가 얕은 포구를 벗어나 강을 따라 미끄러져 가는 동안 그는 페터젠 경관의 검문을 완전히 잊었다. 이전에 있었던 모든 것들, 즉 지난밤의 감미롭고 슬프고 회환에 찬 꿈들, 산책, 다시 보았던 호두나무 등이 다시 그의 영혼 속에서 강하게 되살아났다. 그리고 마침 바다가 확 열렸기 때문에, 그는 소년 시절 여름밤에 바다가 꾸는 꿈에 귀 기울였던 해변을 멀리서부터 볼 수 있었고, 양친과 함께 지냈던 휴양지 호텔의 불빛과 등대의 불빛을 보았다. 발트해! 그는 아무런 방해도 받지 않고 자유롭게 불어오는 소금기 많은 세찬 바닷바람을 향해 고개를 들었다. 바람이 그의 귀를 휩싸고 돌았고, 가벼운 현기증과 얼얼한 마비를 일으켰다. 이 마비와 함께 온갖 나쁜 일, 고통과 방황, 욕망과 노력에 대한 기억들이 은총을 베풀듯 슬그머니 사라져버렸다. 그리고 그는 그의 주변에서 쏴쏴, 철썩철썩 거리며 거품을 만들고 씩씩대는 소리를 들으며 마치 그 늙은 호두나무의 육중한 가지들이 바람에 부딪치는 소리를, 대문의 돌쩌귀가 삐걱거리는 소리를 듣고 있다고 생각했다. 점점 더 어두워졌다.

"세상에, 저 별들을 좀 보세요." 갑자기 굵직한 목소리가 노래 부르듯이 말을 했다. 마치 드럼통 안에서 나오는 소리 같았다. 그는 이 목소리를 이미 알고 있었다. 이 목소리의 주인은 붉은 빛이 나는 금발의 남자로 수수하게 옷을 입고 있었고, 눈이 충혈 되어 있었고, 방금 목욕이라도 한 듯 축축하고 차가운 분위기의 외모를 하고 있었다. 그는 선실에서의 저녁 식사 때 토니오 크뢰거 옆에 앉았었고, 소심하고 눈에 띠지 않는 동작으로 놀랄 만한 양의 가재 오믈렛을 먹었던 남자였다. 지금 그가 그의 옆 난간에 기대서서, 엄지와 검지로 턱을 받치고 하늘을 올려다보고 있었다. 그는 의심할 여지없이 저 특별한 듯, 들뜬 듯 명상적인 분위기에서 사람들 사이의 빗장이 풀어지고, 이방인에게 마음을 열고, 평소에는 부끄러워서 입도 뻥긋하지 않은 것들에게 대해 이야기를 하는 그런 기분에 빠져든 게 틀림없었다.

"선생님, 저기 저 별들을 좀 보세요. 별들이 반짝이네요. 원, 세상에, 하늘이 온통 별천지예요. 우리가 저 위를 올려다보며, 저 별들 중 많은 별들은 우리 지구보다 수백 배는 더 크다는 것을 생각해낸다면, 어떤 기분일까요? 우리 인간들은 전보를 발명했고, 우리는 전화를, 그 밖에도 신시대의 많은 성과물들, 그런 것들을 가지고 있어요. 그런데요, 저 위를 올려다보면 근본적으로 우리는 벌레, 불쌍한 미물일 뿐, 더는 아무것도 아니라는 것을 인식하고 이를 인정하지 않을 수가 없어요. 선생님, 제 말이 맞나요, 틀린가요? 우리는 미물에 불과합니다!" 그는 자기 질문에 스스로 답하면서 겸허하게 그리고 반성한다는 듯 하늘을 올려다보며 고개를 끄덕였다.

'에이, 안되겠군, 이 남자는 문학적인 면이라곤 전혀 없군!' 토니오 크뢰거는 이렇게 생각했다. 그러자 곧바로 최근에 읽었던 구절이 떠올랐다. 유명한 프랑스 작가가 우주론적, 심리학적 세계관에 대해 쓴 논문이었는데, 정말 세련된 잡문이라 할만 했다.

그는 깊은 체험에서 나온 듯한 이 젊은이의 말에 대한 대답으로 그 논문의 내용을 이야기해주었다. 그런 다음 그들은 난간에 기대서서 변덕스럽게 환하고 파도가 거센 저녁 바다를 내려다보면서 계속 이야기를 나누었다. 이 여행객은 함부르크 출신의 젊은 상인으로 휴가 기간에 증기선을 타고 유람하는 중이었다.

"잠깐 증기선을 타고 코펜하겐까지 가보는 거야, 라고 생각을 했어요." 그가 말했다. "그리고는 이렇게 여기에 서 있게 된 것입니다. 지금까지는 아주 좋았어요. 그런데 그 가재 오믈렛, 그것은 좋지 않았어요. 선생님, 보세요. 오늘 밤에는 폭풍우가 올테니까요. 선장이 직접 말했어요. 그런데 소화시키기 힘든 그런 음식을 뱃속에 넣고 있는 것은 별로 좋은 일이 아니에요."

토니오 크뢰거는 은근히 호감을 느끼면서, 바보 같지만 싫지는 않은 그의 말들을 경청했다.

"그래요." 그가 말했다. "이곳에서는 사람들이 너무 무거운 식사를 한답니다. 그 때문에 사람들이 굼뜨고 우울해진답니다."

"우울해진다고요?" 젊은이가 되묻고는 어리둥절한 표정으로 그를 살폈다. "선생님은 이곳 사람이 아니지요?" 그가 갑자기 물었다.

"아, 예, 전 먼 곳에서 왔어요!" 토니오 크뢰거가 방어하듯 막연하게 팔을 움직이며 대답했다.

"하지만 선생님 말이 맞아요." 젊은이가 말했다. "정말이지, 우울해진다는 당신 말이 맞아요. 저는 거의 언제나 우울하답니다. 오늘과 같은 이런 밤이면, 하늘에 별이 총총히 빛날 때면, 특히 더 그렇습니다." 이렇게 말하면서 그는 다시 엄지와 검지로 자기 턱을 받쳤다.

'이 자는 틀림없이 시를 쓸 거야.' 토니오 크뢰거는 생각했다. '깊이 진지하게 느낀 상인의 시를⋯'

저녁이 깊어졌다. 바람이 아주 세차게 불어서 대화를 방해했다. 그래서 그들은 약간이라도 눈을 붙이기로 하고 저녁 인사를 나누었다.

토니오 크뢰거는 선실의 좁은 침상 위에 몸을 눕혔지만, 잠을 이룰 수가 없었다. 세찬 바람과 혹독한 바람 냄새가 이상하게 그를 흥분시켰고, 그의 가슴은 뭔가 감미로운 것에 대한 불안한 기대로 안정을 찾지 못했다. 배가 가파른 파도 꼭대기에서 미끄러져 내려오고 스크루가 물 밖에서 마치 경련이라도 일으킨 것처럼 겉돌 때마다 생기는 선체의 흔들림 때문에 그는 심한 구토를 일으켰다. 그는 다시 옷을 갖춰 입고는 갑판으로 올라왔다.

구름들이 빠른 속도로 달을 스쳐 지나갔다. 바다는 춤을 추고 있었다. 그래서 둥글고 고른 파도들이 질서를 지켜 밀려오지 못하고, 바다는 저 멀리서부터 창백한 빛을 발하며 찢어지고 뒤엉킨 모습이었으며, 거대한 불꽃 혓바닥으로 핥고 뛰어올랐다가는 거품 가득한 골짜기들 옆에 들쭉날쭉한 모양의 괴상한 형상들을 냅다 내던졌다. 그리고는 광란의 유희를 하듯 거대하고 센 팔을 휘둘러 물거품을 사방으로 내동댕이치는 것 같았다. 배는 아래로 내려앉을 듯, 옆으로 기울어 버릴 듯, 신음 소리를 내며 이 광란을 뚫고 힘겹게 나아가고 있었고, 배 밑바닥에서 뱃멀미로 고생하는 북극곰과 호랑이가 포효하는 소리가 들려왔다. 방수 외투를 걸치고, 머리에는 고깔을 덮어쓰고 허리에는 랜턴을 매달고 있는 한 남자가 다리를 떡 벌리고 힘겹게 균형을 잡으며 갑판 위를 왔다 갔다 했다. 저 뒤켠에서는 함부르크에서 온 그 젊은이가 뱃전 너머로 몸을 굽힌 채 괴롭게 토하고 있었다. "맙소사." 토니오 크뢰거를 알아본 청년은 텅 비고 흔들리는 목소리로 말했다. "선생님, 저 자연의 폭동을 좀 보세요!" 그러나 다음 순간 그는 말을 못하고 서둘러 몸을 돌렸다.

토니오 크뢰거는 어떤 팽팽한 밧줄에 몸을 의지한 채, 제어할 수 없이 광분하고 있는 바다의 온갖 모습을 바라보았다. 그의 마음에서는 환호성이 일었는데, 그에게는 마치 이 환호성이 폭풍과

밀물을 압도할 수 있을 만큼 강력한 것 같았다. 그의 마음속에서는 사랑에 감격하여 바다에 바치는 노래가 울렸다. 그대, 내 젊음의 야성적 친구여, 언젠가 우리는 한 몸이었던 적이 있었지…. 그러나 시는 그것으로 끝이었다. 시는 완성되지 못했고 완결된 형식을 얻지 못했으며 냉정하게 완전한 것으로 다듬어지지 못했다. 그의 마음이 살아있었던 것이다.

그는 그렇게 오랫동안 서 있었다. 이윽고 그는 일등 선실 옆에 있는 한 벤치 위에 대자로 누워서 별들이 빛나고 있는 하늘을 올려다보았다. 차가운 거품이 그의 얼굴로 튈 때마다 반쯤 잠이 든 그에게는 그것이 마치 일종의 애무처럼 느껴졌다.

달빛 속에서 유령처럼 수직으로 솟아있는 하얀 바위가 눈에 보이더니 점점 다가왔다. 그것은 뫼엔 섬이었다. 그리곤 다시 졸음이 오다가도, 소금기 있는 물방울들이 방해하듯, 얼굴로 쏟아져 내려 따끔따끔 찌르고 얼굴 표정을 굳게 만들었다. 그가 잠에서 완전히 깼을 때는 이미 날이 밝아 있었는데, 밝은 회색의 신선한 아침이었고, 초록빛 바다는 훨씬 안정이 되어 있었다. 아침 식사 때 그는 다시 젊은 상인을 보았는데, 어둠 속에서 그렇게 시적(詩的)이고 창피한 이야기를 한 것이 부끄러웠는지 그의 얼굴이 몹시 붉어졌고, 그는 다섯 손가락을 모두 동원하여 불그스름한 코밑수염을 쓰다듬어 올렸고, 그에게 깊이 고개 숙여 군인처럼 절도 있는 아침 인사를 건네고는 불안한 듯 그를 피했다.

드디어 토니오 크뢰거는 덴마크에 상륙했다. 그는 코펜하겐에 도착한 뒤로, 팁을 원한다는 표정을 하는 사람들에게는 모두 팁을 주었고, 그의 호텔을 중심으로 3일 동안 여행안내 책자를 펼쳐들고 도시 곳곳을 둘러보며 마치 견문을 넓히려는 훌륭한 여행객처럼 행동했다. 그는 〈국왕의 새 시장〉과 그 중앙에 있는 〈말〉을 살펴보고, 마리아교회의 탑들을 올려다보며 경의를 표하고, 토르발 트센[4]의 고상하고 사랑스러운 조각 작품들 앞에서 오랫동안 서 있고, 룬덴 탑으로 올라가기도 하고, 여러 성들을 견학하기도 하고, 이틀 저녁은 티볼리 공원에서 재밌게 보냈다. 그러나 그가 정말로 보았던 것은 이런 것만은 아니었다.

그의 고향 도시에 있는 반원 모양의, 구멍이 숭숭 뚫린 삼각형 지붕을 한 낡은 집들의 외양과 완전히 똑같은 집들의 문패에서 그는 옛 시절부터 익히 알고 있는 이름들을 읽을 수 있었다. 그 이름들은 그에게 다정하고 값진 그 무엇을 표시하는 것 같아 보였지만, 그럼에도 불구하고 뭔가 비난하고 꾸중하는 것을 그리고 잃어버린 것에 대한 그리움 같은 것을 그 안에 품고 있었다. 생각에 잠겨 느긋한 표정을 하고 축축한 바닷바람을 흡입하며 걷는 그의 눈에는 파란 눈, 금발의 사람들이 들어왔다. 그들은 그가 고향 도시에서 보낸 그날 밤의 기이하게 슬프고 회오에 찬 꿈에서 보았던 바

---

4. 덴마크의 유명한 조각가

로 그 사람들과 똑같이 생겼다. 길거리에서 어떤 시선, 울리는 듯
한 어떤 말 한마디, 어떤 환한 웃음소리가 그의 깊은 뼛속까지 파
고들을 수도 있을 것만 같았다.

그는 그 활기찬 도시에서 더는 견디기가 힘들었다. 반은 회상
이고 반은 기대인, 달콤하면서도 어리석은 그 어떤 불안감과 함께,
호기심 가득한 여행객처럼 여기저기 들쑤시고 다닐 필요 없이 어
디 해변에 가서 조용히 누워있고 싶은 욕망이 그를 움직이게 했다.
그래서 그는 어느 흐린 날에(바다가 새까매졌다) 다시 배를 타고
제란트 섬의 해변을 따라 북상하여 헬싱키로 갔다. 그곳에서 그는
곧바로 마차를 타고 계속 달렸다. 국도를 따라 45분을 더 달려 최
종 목적지에 이르렀는데, 길은 계속해서 해수면보다 약간 위에 나
있었다. 그가 도착한 곳은, 초록색 덧창들을 하고 있는 흰색 건물
의 작은 휴양지 호텔이었다. 호텔은 나지막한 집들로 이루어진 주
택가의 중앙에 있었고, 호텔의 나무 탑에서는 덴마크와 스웨덴 사
이의 해협과 스웨덴의 해변들이 보였다. 그는 그곳에서 내려, 종업
원이 안내하는 밝은 방에 투숙했다. 가져온 짐으로 선반과 옷장을
채운 다음 거기에서 한동안 지낼 채비를 했다.

8

벌써 9월이 성큼 다가와 있었다. 올스고르에는 손님이 많지 않았
다. 1층에는 천장을 각목(角木)으로 장식한 커다란 식당이 있었고,
식당의 높은 창을 통해서는 유리 베란다와 바다가 내다 보였다. 식
사를 할 때에는 호텔의 여주인이 직접 서빙을 지휘했다. 그녀는 흰
머리, 멍한 눈, 연분홍빛 볼을 가진 노처녀로, 가냘프게 지저귀며
항상 자기의 붉은빛이 감도는 두 손이 식탁보 위에 조금이라도 유
리하게 올려져있도록 애를 썼다. 회색의 선원 수염과 검청색의 얼
굴을 한 목이 짧은 노인이 있었는데, 그는 수도에서 온 생선 장수
로 독일어를 아주 잘 했다. 그는 심한 변비를 앓고 있는 것 같았고,
뇌졸중의 경향도 보였는데, 왜냐하면 그의 호흡은 짧고 경련이 있
었고, 이따금 반지를 낀 집게손가락을 쳐들어 한쪽 콧구멍을 막고
는 다른 콧구멍을 세차게 킁킁거려 약간의 공기를 들이쉬곤 했기

때문이다. 그럼에도 불구하고 그는 아침 식사 때는 물론이고 점심, 저녁 식사 때도 자기 앞에 놓인 브랜디를 끊임없이 한 모금씩 홀짝거렸다. 그 이외의 손님이라고는 집사인지 가정교사인지를 대동한 키가 큰 미국인 소년들 셋뿐이었다. 그 사람은 말없이 안경을 고쳐 쓰곤 하는 버릇이 있고 낮에는 애들하고 축구를 했다. 소년들의 머리카락은 적황색이고, 중앙에 가르마를 탔으며, 시무룩한 얼굴에는 표정이 없었다. 한 아이가 "저기 소시지 같은 것을 좀 건네 주실래요." 하고 소시지(Wurst)만 독일어로 하고 나머지는 영어로 말하면, 다른 아이가 "그건 소시지(Wurst)가 아니고, 햄(Schinken) 이야."라고 말했는데, 이것이 그들이나 가정교사가 대화에 기여하는 전부였다. 그 외에 그들은 조용히 앉아서 뜨거운 물을 마셨다.

토니오 크뢰거는 식탁에 이들과는 다른 종류의 손님들이 합류해주기를 바라지는 않았다. 그는 자신의 평화를 즐기면서, 이따금 생선 장수와 여주인이 대화를 할 때 들리는 덴마크어의 후음, 밝고 어두운 모음들에 귀를 기울이곤 했다. 그러다가 간혹 생선 장수와 날씨에 관해 간단한 의견을 교환하고 몸을 일으켜, 베란다를 통해, 이미 오전 내내 시간을 보냈던 해변으로 다시 내려가곤 했다.

그곳은 가끔 조용한 여름 같은 기분이 들게 했다. 바다는 파란색, 유리병처럼 초록색 그리고 적갈색의 빛으로 여러 겹의 띠를 만들고, 은빛 반사광을 내며 나른하게 반짝이며 쉬고 있었고, 해초가 태양을 받아 건초처럼 말라갔다. 그리고 해파리들이 모래사장에 흩어져 수분을 발산하고 있었다. 약간 썩는 냄새가 났고, 약간은 타르 냄새도 났는데, 후자는 토니오 크뢰거가 해변에 앉아 등을 기대고 있는 어선에서 나는 냄새였다. 그는 탁 트인 수평선을 향해 있었지, 눈을 스웨덴 해변 쪽으로 향하고 있지 않았다. 그러나 바다의 고요한 숨결이 깨끗하고 신선하게 모든 것을 어루만지며 지나갔다.

그러다가 폭풍우가 몰아치는 잿빛의 날들이 오기도 했다. 파도가 마치 뿔로 들이 받으려는 황소들처럼 머리를 숙이고 화를 내며 해변을 향해 돌진해 오곤 했는데, 해변은 높은 곳까지 파도에 씻기면서 물에 젖어 반짝이는 해초, 조개들 그리고 떠밀려온 나무 조각으로 뒤덮였다. 구름으로 뒤덮인 하늘 아래에서는 길게 뻗은 파도의 골짜기들이 연초록의 거품을 머금고 죽 펼쳐지고 있었다. 그러나 구름 뒤쪽으로 태양이 떠 있는 저쪽에서는 수면이 하얀 우단을 깔아놓은 듯 반짝였다.

토니오 크뢰거는 자신이 그렇게도 사랑하는 그 영원한, 마비시킬 듯 둔중한 바다의 포효를 들으며 바람과 물보라에 휩싸인 채 서 있었다. 그가 몸을 돌려 그곳을 떠나면, 갑자기 그의 주변이 아주 조용해지고 따뜻하기까지 했다. 그러나 그는 자기 등 뒤에 바다가 있다는 것을 알았고, 바다는 소리쳐 부르며 유혹하는 인사를 건넸다. 그는 미소를 지었다.

그는 초지의 호젓한 길을 걸어 육지 안으로 들어가, 곧 너도밤

나무 숲으로 들어갔다. 이 숲은 언덕을 이루며 멀리 뻗어 그 지역의 안쪽에까지 닿아있었다. 그는 이끼 낀 땅 위 나무 하나에 기대어 앉아, 나무줄기들 사이로 바다를 조금은 볼 수 있도록 자리 잡았다. 이따금 바람이 파도 부서지는 소리를 그에게로 날아왔다. 그 소리는 먼 곳에서 들으면 마치 널빤지들이 우르르 겹쳐 무너지는 것같이 들렸다. 머리 위 나무 꼭대기에서는 까마귀들의 쉰 울음소리가 황량하고 절망적으로 들렸다. 그는 무릎 위에 책을 한 권 올려놓긴 했지만, 한 줄도 읽지 않았다. 그는 깊은 망각을, 시공간이 해체되어 넘나들 수 있는 부유를 즐겼다. 아주 가끔 마치 어떤 아픔이 그의 가슴을 찌르는 것 같았는데, 그리움이나 회한과 같은 잠시 스치는 쩡한 감정이었지만, 그는 나른하게 깊은 생각에 몰두해 있었기 때문에 그 이름이나 연유를 따져 묻지 않았다.

이렇게 여러 날이 흘러갔다. 딱히 며칠이 흘러갔는지는 말할 수도 없었고, 알고 싶은 욕망도 없었다. 그러다 어느 날 사건이 하나 생겼다. 태양이 하늘에 나와 있고, 사람들이 해바라기를 하는 그런 날에 그 일이 일어났고, 토니오 크뢰거는 그것에 대해 결코 크게 놀라지도 않았다.

바로 그 날은 축제 분위기로 황홀하게 하루가 시작되었다. 토니오 크뢰거는 아주 일찍 그리고 아주 갑작스럽게 눈을 떴는데, 이유를 알 수 없지만 조금 놀라며 잠에서 깼다. 그는 기적을 들여다보고 있다고, 불가사의한 조명의 마술을 들여다보고 있다고 믿었다. 그의 방은 유리문과 스웨덴 해협 쪽으로 난 발코니가 있고, 얇고 흰 망사 커튼이 거실과 침실을 나누어 놓았다. 방은 전체적으로 연하게 페인트칠이 되어 있고, 밝고 가벼운 가구들로 실내 장식이 되어 있었기 때문에, 항상 밝고 정겨운 광경을 연출했다. 그러나 지금 잠에 취한 그의 두 눈은 초지상적인 변용과 조명을 받고 있는 그의 방을 보고 있었고, 이루 말할 수 없이 아름답고 향기로운 장밋빛 광선 속으로 차츰차츰 빠져 들어가고 있었으며, 그 빛으로 벽들과 가구들이 황금색으로 물들고, 망사 커튼은 불타오르듯 따뜻한 빨간색으로 변하고 있었다. 토니오 크뢰거는 오랫동안 무슨 일이 일어나고 있는지 파악하지 못했다. 그러나 그가 유리문 앞에 서서 밖을 내다보았을 때, 비로소 그것은 막 떠오르는 태양 때문이라는 것을 알았다.

여러 날 동안 우중충하고 비가 왔었다. 그러나 이제 하늘이 청회색의 팽팽한 비단처럼 바다와 육지 위에 펼쳐져서 청명하게 빛나고 있었다. 둥근 해가 진홍색과 황금색으로 투사된 구름들에 의해 일부 가려지기도 하고 그런 구름들에 둘러싸이기도 한 채 번들거리며 주름진 바다 위로 장엄하게 솟아오르고 있었고, 바다는 그런 태양의 아래에서 전율하며 발갛게 달아오르는 것 같았다. 그날은 그렇게 시작되었고, 토니오 크뢰거는 혼란스럽고 행복한 마음으로 서둘러 옷을 입고, 아래층 베란다에서 다른 누구보다도 먼저 아침 식사를 했다. 그는 작은 막사의 목조 해수탕에서부터 해협 속으로 상당한 거리를 헤엄쳐 나갔다가 돌아와서 몇 시간이고 해변을 따라 산책했다. 그가 호텔로 돌아왔을 때, 호텔 앞에 여러 대의 합승 마차들이 정차해 있었고, 식당에 들어선 그는 식당에 면한, 피아노가 있는 휴식 공간뿐 아니라, 베란다와 그 앞의 테라스에도 많은 수의 사람들이, 소시민 복장을 한 무리들이 둥근 식탁에 앉아서 열띤 대화를 나누며 맥주와 버터 빵을 먹고 있는 광경을 보았다. 그들은 일가족으로 노인들과 젊은이들도 있고, 몇 명의 어린아이들까지 있었다.

두 번째 아침 식사가 준비되어 있었고 (식탁에는 찬 음식들, 훈제 고기, 소금에 절인 것과 구운 과자들로 가득했다), 토니오 크뢰거는 무슨 일이냐고 물었다.

"손님들입니다." 생선 장수가 말했다. "헬싱키에서 피크닉을 나온 사람들로 무도회를 열거랍니다. 그래, 큰일 났어요. 오늘 밤에는 잠을 못잘 겁니다. 춤판이 벌어질 거랍니다. 춤과 음악이 밤늦게까지 계속되지 않을까 걱정입니다. 가족 행사를 겸한 피크닉이라는 군요. 예약을 받은 단체 관광인 거 같은데, 좋은 날씨를 즐기게 되었어요. 그들은 배와 마차를 타고 왔고, 그래서 지금 아침 식사를 하는 거랍니다. 조금 후에는 마차를 타고 시골 쪽으로 들어가겠지만, 밤에는 다시 돌아와서 여기 이 홀에서 춤판을 벌인답니다. 그래요, 빌어먹을, 우리는 눈도 못 붙이게 생겼어요."

"거 괜찮은 기분전환이겠는데요." 토니오 크뢰거가 말했다.

이후 상당한 시간 동안 더 이상 아무 말도 나오지 않았다. 여주인은 그녀의 빨간 손가락들에 신경을 썼고, 생선 장수는 약간의 공기를 흡입하기 위해서 오른쪽 콧구멍을 세차게 콩콩거렸고, 미국인들은 뜨거운 물을 마시며 지루한 얼굴을 하고 있었다.

그때 갑자기 그 일이 일어났다. 한스 한젠과 잉에보르크 홀름이 홀을 가로질러 지나간 것이었다.

토니오 크뢰거는 해수욕과 빠른 걸음으로 산책을 한 후라 기분 좋게 피곤했고, 의자에 등을 기대고 앉아서 토스트에 훈제 연어를 곁들여 먹고 있었다. 그는 베란다와 바다를 향해 앉아 있었다. 그런데 갑자기 문이 열리고 두 사람이 손을 잡고 들어온 것이었다. 어슬렁거리며 서두르지 않고 걸어 들어왔다. 잉에보르크, 그 금발의 잉에는, 크나크 씨의 댄스 강습 때 늘 그랬던 것처럼, 밝은 색깔의 옷을 입고 있었다. 꽃무늬가 있는 가벼운 치마는 그녀의 복사뼈까지 내려와 있었고, 어깨에는 백색의 폭넓은 망사 레이스를 두르고 있었는데, V자로 파여서 그녀의 부드럽고 유연한 목이 드러나 있었다. 모자는 양쪽 끈을 잡아매어 그녀의 한쪽 팔위에 걸려 있었다. 그녀는 전보다 조금밖에 더 크지 않은 거 같았고, 그녀의 보기 좋게 땋았던 머리카락은 이제 머리를 휘감고 있었다. 그러나 한스 한젠은 예전과 똑같은 모습이었다. 그는 예전처럼 금단추가 달린 해군복 스타일의 반코트를 입고 있었고, 예전의 그 넓고 파란 깃이 양 어깨와 등을 덮고 있었다. 그는 짧은 리본이 달린 선원 모자를 축 늘어뜨린 손에 들고 조심성 없이 이리저리 흔들고 있었다. 잉에보르크의 그 길쭉한 실눈은 다른 곳을 보고 있었는데, 아마도 식사를 하며 그녀를 바라보는 시선들이 약간은 신경이 쓰이는 듯했다. 한스 한젠은 주위 사람들을 전혀 아랑곳하지 않고 머리를 똑바로 세우고 아침 식사가 마련되어 있는 식탁 쪽을 바라보았다. 그리고는 강철처럼 파란 두 눈으로 도전적으로 약간의 경멸을 담아, 한 사람 한 사람을 훑어보았다. 심지어 그는 잉에보르크의 손을 놓고 그의 모자를 이리저리 격하게 흔들었는데, 그가 어떤 사람인지를 보여주려는 듯했다. 이렇게 그들 두 사람은 조용히 푸르름을 발산하는 바다를 배경으로 하고 토니오 크뢰거의 눈앞을 지나, 홀을 세로로 가로질러 건너편 문을 통해 피아노가 있는 방으로 사라졌다.

이것은 오전 11시 30분에 일어난 일이었다. 요양을 온 손님들이 아직 식사를 하고 있는 동안, 옆방에서 그리고 베란다에서 그 일행들이 일어서더니 옆문으로 나가서 호텔을 떠났다. 다시 식당으로 들어오는 사람은 없었다. 밖에서 농담을 하고 깔깔대며 마차에 오르는 소리가 들렸고, 마차가 차례대로 삐걱거리며 도로 위를 굴러가는 소리도 들려왔다.

"그러니까 저들은 다시 오는 거죠?" 토니오 크뢰거가 물었다.

"그렇습니다." 생선 장수가 말했다. "맙소사. 그들이 음악을 주문했다는 걸 아셔야 해요. 그런데 나는 바로 이 홀 위에 있는 방에서 자야한단 말입니다."

"거 참, 멋진 기분전환이네요." 토니오 크뢰거가 좀 전에 한 말을 반복하고, 일어서더니 자리를 떴다.

그는 다른 날과 마찬가지로 종일 해변에서, 숲에서 지냈고, 무릎 위에 책을 한 권 올려놓고 태양을 바라보곤 했다. 오직 한 가지 생각만을 했는데, 그것은, 생선 장수가 말한 대로 그들이 돌아와 홀에서 댄스파티를 할 것이라는 생각뿐이었다. 그는 그 일에 대해 즐거워하는 일 이외에는 아무것도 하지 않았다. 그는 지난 오랜 세월 죽어있는 동안에 더는 시도도 못해본 그 불안하고 감미로운 즐거움을 느꼈다. 꼬리에 꼬리를 물고 이어지던 상상을 하다가 갑자기 멀리 있는 지인 아달베르트, 그 소설가가 떠올랐다. 그 소설가는 그가 원하는 것을 알고 있었고, 봄의 기운을 피하기 위해 카페로 갔었다. 그는 그 소설가를 생각하다 어깨를 으쓱했다.

그는 평소보다 일찍 점심 식사를 하러 갔다. 저녁 식사도 평소보다 일찍 피아노가 있는 방에서 해야 했다. 왜냐하면 식당으로 사용하는 홀이 무도회장으로 꾸며지고 있었기 때문이다. 축제 분위기로 모든 것이 어수선했다. 이윽고 날이 어두워지고 토니오 크뢰거가 방에 앉아있을 때, 밖의 도로와 호텔이 다시 사람들로 시끄러웠다. 피크닉 나갔던 손님들이 돌아왔다. 또 헬싱키 방향에서 새로운 손님들이 자전거를 타거나 마차를 타고 들어섰다. 이미 호텔 아래층에서는 음을 맞추는 바이올린 소리와 코 막힌 소리와도 같은 클라리넷의 음을 맞추는 연습 소리가 들렸다.

이 모든 것들이 멋진 파티가 벌어질 거라는 기대를 하게 했다.

작은 규모의 관현악단이 행진곡을 연주하기 시작했다. 둔중하면서 박자가 정확한 행진곡이 위층으로 올라왔다. 폴로네즈[5]로 댄스파티가 시작되었다. 토니오 크뢰거는 잠시 조용히 앉아서 귀를 기울였다. 그러나 행진곡이 왈츠로 옮겨가는 것을 듣자 그는 자리에서 일어나 소리 없이 방에서 나왔다.

방 옆의 복도를 지나 사이드 계단으로 내려가면 호텔의 옆문에 이르고, 그곳에서는 방을 하나도 거치지 않고 유리 베란다에 이를 수 있었다. 마치 금지된 오솔길을 가듯이, 그는 조용히 몰래 이 통로를 이용했다. 그는 이 바보 같지만 황홀하게 출렁이는 음악에 저항할 수 없이 매료되어 조심스럽게 어둠을 뚫고 더듬거리며 나아갔다. 노래의 음들이 이미 명확하고 분명하게 그에게로 밀려오고 있었다.

베란다는 텅 비어 있고, 불도 밝혀져 있지 않았지만, 눈부신 반사경을 단 두 개의 대형 석유등이 환하게 밝혀져 있는 홀로 통하는 유리문은 열려 있었다. 그는 발소리를 죽이고 살금살금 그쪽으로 걸어갔다. 여기 어둠 속에 서서, 환한 곳에서 춤을 추는 사람들을 몰래 엿본다는 도둑과도 같은 즐거움으로 인해 그는 살갗이 짜

---

5. 폴란드 춤곡

릿해 옴을 느꼈다. 그는 조급하고도 간절한 마음으로 여기저기를 살피며 두 사람을 찾았다.

파티가 시작한 지 채 30분도 안 되었지만, 축제 분위기는 이미 완전히 고조된 것 같았다. 그도 그럴 것이 그들은 온종일 아무 걱정 없이 행복하게 함께 보내고 호텔로 돌아왔기 때문에 이미 몸이 달아있고 흥분한 상태였던 것이다. 토니오 크뢰거는 조금만 몸을 앞으로 내밀면 피아노 방을 들여다 볼 수 있었다. 그곳에는 나이 든 남자들이 모여서 카드 게임을 하며 담배를 피우거나 술을 마시고 있었다. 또 다른 남자들은 부인들과 함께 앞쪽의 벨벳 의자에 앉거나 홀의 벽에 기대서서 춤추는 사람들을 구경했다. 그들은 쭉 편 무릎에 두 손을 받치고 기분 좋다는 듯 볼을 한껏 부풀리고 있었다. 반면 리본이 달린 작은 모자를 머리에 얹고 있는 어머니들은 가슴 밑에 팔짱을 끼고, 고개를 삐뚜름히 하고서 젊은 사람들의 야단법석을 구경했다. 홀의 세로 벽면에 일종의 단이 설치되었는데, 그곳에서 악단들이 최선을 다하고 있었다. 심지어 트럼펫 주자도 있었다. 그 주자는 그 자신이 내는 소리를 두려워하듯이 약간은 주저하고 조심하는 태도로 연주했지만, 계속해서 소리가 끊기기도 하고 불협화음을 내기도 했다. 쌍쌍의 남녀들이 물결치듯 빙빙 돌고 있었고, 또 다른 이들은 팔짱을 끼고 홀을 이리저리 돌아다녔다. 그들은 댄스 복장이 아니고, 여름날 야외에서 보내는 복장을 하고 있었다. 신사들은, 일주일 내내 모셔두었다가 입고 나왔다는 것을 알 수 있는 소도시에서 재단된 양복을 입고 있었고, 밝고 가벼운 옷차림의 여인들은 가슴에 들꽃을 꽂고 있었다. 어린아이들 몇 명도 홀에 나와 있었고, 그들 방식으로 어울려, 음악이 잠시 쉬고 있을 때조차, 춤을 추었다. 연미복 차림의 다리가 긴 사람으로 안경을 쓰고 파마를 한 시골 유지 같기도 하고, 덴마크 소설에서 막 튀어나온 듯 희극적 인물 같기도 하고, 우체국 부국장이나 뭐 그런 종류인 사람이 이 파티의 사회자이자 지휘자인 것처럼 보였다. 그는 땀을 흘리며 바쁘게 돌아다니고 일에 흠뻑 빠져서 동에 번쩍 서에 번쩍 일이 많아 죽겠다는 듯이 꼬리를 치며 홀을 쏘다녔다. 그는 처음에 재치 있게 발끝을 세우고 나타났는데, 코가 뾰족하고 반들반들한 군용 부츠를 신은 발을 이상야릇하게 서로 엇갈리게 비비 꼬았고, 두 팔을 허공에서 휘저으며 지시를 하고, 음악을 연주하라고 소리치고 손뼉을 쳤는데, 이 모든 동작을 할 때 권위의 상징으로 어깨 위에 부착된 커다란 오색 휘장의 리본들이 그의 뒤를 따라다니며 휘날렸는데, 그럴 때마다 그는 사랑스럽다는 듯이 고개를 돌려 리본들을 보곤 했다.

그랬다. 그들은 그곳에 있었다. 오늘 햇빛 속에서 토니오 크뢰거 옆을 지나갔던 두 사람이 있었다. 그는 그들을 다시 보았고, 그 즉시 그들을 알아보고 너무 반가워 기절할 뻔했다. 이쪽에, 문 바로 곁에, 그와 아주 가까운 곳에 한스 한젠이 서 있었다. 두 다리를 벌리고 몸을 약간 앞으로 구부리고 큼직한 카스텔라를 천천히 먹으면서, 떨어지는 부스러기를 받으려고 손바닥을 턱 밑에 대고 있었다. 그리고 저기 벽 쪽에 잉에보르크 홀름이, 금발의 잉에가 앉아 있었는데, 바로 그 부국장 같은 인간이 꼬리를 흔들며 그녀에게로 가서 한 손을 등 뒤로 돌리고, 다른 손은 우아하게 가슴에 갖다 대고 최상의 절을 하며 춤을 청하고 있었다. 그러나 그녀는 고개를 좌우로 흔들며 자기가 숨이 너무 차서 약간 쉬어야겠다는 표시를 했다. 그러자 그는 그녀 옆에 앉았다.

토니오 크뢰거는 지금 그들을, 예전에 그들에 대한 사랑으로 고통을 받았던 바로 그 두 사람, 한스와 잉에보르크를 바라보았다. 그렇게 두 사람을 사랑했던 것은, 두 사람의 개별적 특성이나 복장의 유사성 때문이 아니었다. 두 사람은 같은 종자이며 같은 유형이었다. 밝은 표정, 강철과도 같은 파란 눈 그리고 금발을 한 사람들의 유형은 정결함, 순수함, 명랑함, 그리고 동시에 자존심 강하고 순박하며 쉽게 건드릴 수 없는 냉정함의 이미지를 불러일으켰다. 그는 그들을 바라보았다. 그는 한스 한젠이 옛날과 조금도 다름없이 아주 늠름하고 훌륭한 체격으로 어깨가 떡 벌어지고 허리는 잘록한 채 해군복 스타일의 양복을 입고 서 있는 것을 보았다. 그리고 잉에보르크가 바로 그 오만한 투로 깔깔 웃으면서 고개를 옆으로 내젓고 특별히 작지도 특별히 가냘프지도 않은 소녀의 손을 바로 그 방식으로 뒷목으로 가져가니까, 그때 가벼운 소맷자락이 그녀의 팔꿈치로부터 미끄러져 내리는 모습도 보았다. 그러자 갑자기 향수가 그의 가슴을 고통으로 뒤흔들어놓아서 그는 자기도 모르게 어둠 속으로 물러났는데, 그것은 그 누구에게도 자기 얼굴의 경련을 보여주고 싶지 않았기 때문이다. '내 너희들을 잊은 적이 있었던가?' 그가 물었다. '아니, 결코 잊은 적이 없었다! 한스, 너를 잊은 적도, 금발의 잉에, 너를 잊은 적도 없었다. 내가 글을 썼던 것도 너희에게 보여주기 위해서였고, 내가 박수를 받을 때도 난 몰래 내 주위를 둘러보곤 했지, 혹시라도 너희가 참석하지나 않았을까, 하고. 한스 한젠, 넌 너의 대문 앞에서 약속했던 대로《돈 카를로스》를 읽었니? 읽지 마라! 이제 더는 네가 그걸 읽기를 바라지 않는단다. 외로워서 우는 왕이 너에게 무슨 상관이겠니? 시구절과 우울함을 보느라 너의 밝은 두 눈을 어둡게 하고 어리석은 꿈에 잠기게 해서는 안 된다. 너처럼 되기 위해서라면! 다시 한 번 시작하고, 너처럼 바르고 명랑하고, 단순하게 규칙을 지키며, 하느님과 세계와 일치를 이루며 성장하여, 순수하고 행복한 사람들한테 사랑을 받고, 잉에보르크 홀름 너를 아내로 맞고, 한스 한젠, 너와 같은 아들을 두고 싶구나! 인식하고 창작하는 고통의 저주로부터 자유로워져서 평범한 행복 속에서 살고 싶고 사랑하고 싶고 찬미하고 싶구나! 다시 한 번 시작한다고? 그런들 무슨 소용이 있겠니. 다시 또 이렇게 될 것이다. 모든 것이 지금까지와 똑같이 되고 말 것이다. 왜냐하면 어떤 종류의 인간한테는 올바른 길이라는 것이 아예 존재하지도 않기 때문에, 그들은 꼭 길을 잃고 방황하거든.'

이제 음악이 그치고 휴식 시간이었다. 간식이 제공되었다. 그 부국장인가 하는 남자가 직접 청어 샐러드를 수북이 담은 쟁반을 들고 바쁘게 돌아다니면서 숙녀들을 대접하였다. 그러다 잉에보르크 홀름 앞에서는 무릎을 꿇고 작은 샐러드 접시를 바치기까지 했고, 이에 기쁜 나머지 그녀의 얼굴이 빨갛게 달아올랐다.

이제 드디어 홀 안에서도 유리문 아래에서 구경하는 사람들에게 주의를 하기 시작했다. 예쁘장하고 상기된 얼굴을 한 사람들이 그를 이상해하며 살피기 시작했다. 그럼에도 불구하고 그는 자리를 뜨지 않았다. 잉에보르크와 한스도 거의 동시에 그를 흘끗 스쳐보았는데, 그 시선이야말로 거의 경멸에 가까워 보이는 예의 그 완벽한 무관심 그 자체였다. 하지만 갑자기 그는 어디에선가 한 시선이 자기에게 돌진하더니 자기에게서 머무르고 있는 것을 의식하게 되었다. 그는 고개를 돌렸고, 그 즉시 그의 두 눈이 그가 방금 느꼈던 바로 그 시선과 마주쳤다. 그에게서 그다지 멀지 않은 곳에 창백하고 갸름한 얼굴을 한 여인이 서 있었는데, 그는 조금 전에도 그녀를 의식했었다. 그녀는 별로 춤을 추지 않았는데, 신사들이 이상하게도 그녀에게는 춤을 청하지 않았다. 그래서 그는 그녀가 입을 꼭 다물고 외로이 벽에 기대 앉아 있는 모습을 보았었다. 지금도 그녀는 혼자 서 있었다. 그녀는 다른 여자들처럼 밝고 깨끗한 옷차림이었지만, 원피스의 투명한 천 아래로는 깡마르고 볼품없는 어깨가 해말갛게 드러나 보였고, 야윈 목은 그 초라한 두 어깨 사이에 너무 깊숙이 박혀 있었기 때문에 이 조용한 여자가 약간 불구가 아닌가 생각될 정도였다. 그녀는 얇은 반 장갑을 끼고 있는 두 손을 평평한 가슴에 놓고 있어서 손가락 끝이 부드럽게 서로 맞닿아 있었다. 그녀는 고개를 숙인 채, 축축이 젖은 새까만 눈을 들어 아래로부터 토니오 크뢰거를 올려다보았다. 그는 시선을 돌렸다.

여기, 그와 아주 가까운 곳에 한스와 잉에보르크가 앉아 있었다. 한스는 그녀 옆에 와 앉아 있었다. 그녀는 아마도 그의 여동생일지도 몰랐다. 그들은 볼이 빨개진 사람들에 둘러싸여 먹고 마시고 수다를 떨며 즐거워했고, 카랑카랑 울리는 큰 소리로 농담을 주고받으며 허공에 대고 밝게 웃기도 했다. 그가 그들에게 좀 가까이 가면 안 될까? 그래서 한스나 잉에에게 그들이 적어도 미소로라도 답례하지 않으면 안 될 만한 그 어떤 농담 한마디라도 생각해 내서 할 수는 없을까? 그렇게만 할 수 있다면 얼마나 행복할까. 그는 그것을 간절히 바랐다. 그렇게만 된다면 그는 두 사람과 작은 공동체를 이룰 수 있다는 생각을 하며 만족스럽게 방으로 돌아갈 것이다. 그는 자기가 할 수 있을지도 모를 말을 이리저리 궁리해 보았다. 그러나 그는 그걸 말할 용기가 없었다. 그 역시 이전과 같았다. 그들은 그를 이해하지 못할 것이고, 그가 말하려는 것에 귀를 기울이겠지만 기이하다는 표정을 지을 것이다. 왜냐하면 그들의 언어는 그의 언어가 아니기 때문이다.

이제 다시 춤이 시작되는 모양이었다. 그 부국장인가 하는 남자가 광범위한 활동을 전개했다. 그가 이리저리 바삐 돌아다니며 모든 사람들에게 춤을 추라고 권했고, 급사들의 도움을 받아가며 의자들과 유리잔들을 치웠으며, 연주자들에게는 연주를 시작하라고 명령하고, 어쩔 줄 모르고 우왕좌왕하고 있는 몇몇 굼뜬 사람들의 어깨를 잡고는 앞쪽으로 밀었다. 무엇을 하려는 것일까? 네 쌍씩 조가 짜여 지고 있었다. 토니오 크뢰거는 끔찍했던 기억으로 얼굴이 발개졌다. 카드리유가 시작되었다.

음악이 시작되었다. 그리하여 쌍들이 절을 하며 서로 섞여 들어갔다. 그 부국장이 지휘를 했다. 세상에, 그는 프랑스어로 지휘를 했는데, 비교할 수 없을 만큼 뛰어나게 비음들을 발음했다. 잉에보르크 홀름이 토니오 크뢰거 바로 앞에서, 유리문 바로 곁에 있는 조에서 춤을 추었다. 그녀가 그의 바로 앞에서, 앞으로 뒤로, 걷기도 하고 빙빙 돌기도 하며 이리저리 움직이고 있었다. 그녀의 머리카락에서인지 아니면 원피스의 부드러운 천에선가 나오는 향기가 이따금 그에게까지 와 닿았고, 그는 옛날부터 너무나 잘 알고 있는 기분에 사로잡혀 두 눈을 감았다. 그는 요 며칠 동안 이런 감정의 향기와 쓰라린 자극을 아련하게 느꼈었는데, 이제 그 감정이 다시 그에게 감미롭게 억지를 부리고 있었다. 이게 대체 뭐지? 그리움? 애정? 질투, 자기 경멸? '숙녀들의 물리네!' 금발의 잉에, 넌 웃었었지, 내가 물리네를 추며 그토록 비참하게 웃음거리가 되었을 때 넌 나를 비웃었지? 그런데 내가 이제 유명 인사가 되었는데도 너는 나를 비웃겠니? 그래, 넌 그럴 것이고, 너에게는 너무나 당연한 일이겠지! 설사 내가 혼자서 아홉 개의 교향곡을 작곡하고,《의지와 표상으로서의 세계》를 쓰고, 〈최후의 심판〉을 완성했다고 해도… 너는 영원히 나를 비웃을 권리가 있어.' 그는 그녀를 바라보았다. 오랫동안 잊고 있었던, 그러나 그에게 너무도 친숙하고 그와 너무도 친밀했던 시 구절이 하나 떠올랐다. 그것은 '나는 잠을 자고 싶은데, 그대는 춤을 춰야겠다고 하네.'였다. 그는 이 구절이 뜻하는 감정을, 북구의 애수적인, 진실하지만 서투른 무거운 감정을 너무나 잘 알고 있었다. 잠을 잔다는 것은, 행동을 하고 춤을 추어야 하는 의무감 없이 달달하고 느긋하게 자기 자신 속에서 쉬고 있는 감정에 따라 그냥 완전히 충실하게 살고 싶다는 열망인 것이다. 그럼에도 불구하고 춤을 추어야 한다는 것은, 사랑한다면 춤을 추지 않으면 안 된다는 굴욕적인 모순을 한순간도 완전히 잊지 않은 채, 제 정신을 잃지 않은 채 예술이라는 어려운 칼춤을, 어렵고 위험한 칼춤을 민첩하게 추어내야 한다는 것이다.

갑자기 모두의 동작이 자유분방하고 미친 듯이 빠르게 바뀌었다. 카드리유의 조들이 풀리고 이제 모두가 뛰고 미끄러지면서 주위 사방으로 흩어지고 있었는데, 그것은 빠른 원무(圓舞)로 카드리유를 마무리하는 동작이었다. 미친 듯 빠른 박자에 맞추어 쌍쌍의 남녀들이 숨이 찬 듯 짧은 웃음을 터뜨리며 추격하고 급히 달리고 서로 추월하면서 토니오 크뢰거의 곁을 스쳐 지나가고 있었다. 한 쌍이 무리들의 질주에 휩쓸려 선회하며 총알처럼 앞으로 튀어나왔다. 여자의 얼굴은 창백하고 가냘프고, 비쩍 마른 어깨는 너무 추켜세워져 있었다. 그런 와중에 갑자기, 바로 그의 앞에서 그들이 비트적거리고 미끄러져서 엎어지는 일이 발생했다. 그 창백한 여자가 넘어졌다. 그녀는 너무 세게 그리고 격하게 넘어졌기 때문에 위험해보였고, 그녀와 함께 기사 파트너도 넘어졌다. 이 기사는 아주 심한 통증을 느껴 여자 파트너를 완전히 잊어버린 게 틀림없었는데, 그가 반쯤 몸을 일으키더니 얼굴을 찡그린 채 두 손으로 자기의 한쪽 무릎을 비벼대기 시작했기 때문이다. 그동안 그 여자는 언뜻 보기에도 넘어져서 완전히 몸을 가누지 못하게 된 듯 바닥에 그대로 누워있었다. 토니오 크뢰거가 그곳으로 가서 부드럽게 그녀의 팔을 잡아 일으켰다. 그녀는 지치고, 당황한 가운데서도 불쌍한 표정으로 그를 올려다보았다. 그러더니 갑자기 그녀의 부드러운 얼굴이 생기 없는 홍조를 띠었다.

"감사합니다!, 오, 대단히 감사합니다!" 그녀가 말하고, 축축이 젖은 검은 눈으로 아래에서부터 그를 올려다보았다.

"아가씨, 이제 춤을 그만 추시는 게 좋겠군요." 그가 부드럽게 말했다. 그런 다음 그는 다시 한 번 빙 둘러 그들, 한스와 잉에보르크를 찾았고, 그런 다음 계속 걸어서 베란다와 무도회장을 떠나 자기 방으로 올라왔다.

그는 그가 참여하지도 않은 파티에 도취되었고, 질투 때문에 피곤했다. 옛날과 같았다, 옛날과 똑 같았다. 그는 달아오르는 얼굴로 구석진 곳에서 너희들, 너희 금발들, 생기발랄한 사람들, 행복한 사람들 때문에 가슴 아파하면서 서 있다가 고독하게 그곳에서 빠져나왔다. 이제 정말로 누군가는 그에게 와야 한다! 이제야말로 잉에보르크가 나와서, 그가 떠났다는 것을 알아채고, 아무도 모르게 그를 뒤쫓아 와서 그의 어깨 위에 손을 얹고 말해야 한다. '우리 있는 곳으로 들어와, 기분을 내봐, 난 너를 사랑해!' 그러나 그녀는 결코 오지 않았다. 그런 일은 일어나지 않았다. 그래, 그때와 똑 같았다. 그 또한 그 옛날처럼 행복했다. 왜냐하면 그의 가슴이 살아 있기 때문이었다. 그러나 지금의 그가 되기까지 지난 세월동안 그는 무엇이었던가? 무감각, 황폐함, 얼음장 같은 마음, 그리고 정신이 있었다! 그리고 예술이 있었다!

그는 옷을 벗고 휴식을 취했다. 그리고 그는 불을 껐다. 그는 베개에 대고 두 이름을 속삭였다. 이 북국풍의 순결한 두세 음절들이야말로 그에게는 사랑과 고통과 행복의 본원적인 원천, 즉 삶을 의미했고, 단순하고 진실한 내적 감정, 즉 고향을 의미했다. 그는 그 당시로부터 오늘에 이르는 세월을 돌이켜보았다. 그는 자기가 지금까지 몰두했던 감각과 신경과민 그리고 사색의 황량한 모험들을 생각했다. 그리고 반어와 정신에 의해 침식당하고 인식으로 인하여 황폐화되고 마비되어 있으며 창작의 열기와 냉기에 의해 반쯤은 소모돼 버린 자기 자신을 보았고, 극심한 양극단, 성스러

움과 욕정 사이에서 의지할 곳 없이 양심의 가책에 시달리며 이리
저리 내던져진 꼴을 하고 있는 자기 자신을 보았으며, 예술적으로
탁월한 냉혹한 열광으로 인하여 제련되고, 초라해지고, 쇠잔해진
자기 자신, 그리하여 길을 잃고 황폐화되어 말라비틀어지고 병들
어 버린 자기 자신을 보았다. 그래서 후회와 향수에 젖어 흐느꼈다.

그의 주변이 조용하고 어두웠다. 그러나 아래로부터 삶의 달콤
한 3박자가 둔탁하게 물결치듯 그에게까지 울려왔다.

9

토니오 크뢰거는 북쪽에서 그의 애인인 리자베타 이바노브나에게, 약속했던 대로 편지를 썼다. 그는 '저도 이제 곧 그곳으로 가게 될, 남쪽나라 아르카디아[6]에 있는 사랑하는 리자베타에게,'라고 서두를 시작했다.

　　이제야 편지 비슷한 글을 씁니다. 그러나 아마도 당신을 실망시킬지도 모르겠습니다. 나는 여기에 일반론적인 내용을 쓸 생각이거든요. 물론 이것은 내가 이곳에서 내 방식대로 이것저것을 체험하지 않아서 특별히 이야기 거리가 없기 때문은 아닙니다. 고향에서는 심지어 경찰이 나를 체포하려던 일도 있었답니다. 이 해프

---

6. 고대 그리스의 전원적인 이상향을 뜻함. 여기에서는 뮌헨을 가리킴.

닝에 대해서는 만나서 직접 이야기해주겠소. 요즘 들어 나는 있는 사실을 그대로 이야기해주기보다는 일반적인 어떤 것을 호의적인 방식으로 말해보고 싶거든요.

리자베타, 언젠가 당신이 나를 시민, 길 잃은 시민이라고 불렀던 적이 있는데, 아직도 기억하겠죠? 전에 나도 모르게 다른 고백들을 하다가 그만 내가 '삶'이라 부르는 것을 사랑한다고 말했을 때, 당신은 나를 '길 잃은 시민'이라 불렀죠. 당신은 자신이 얼마나 딱 맞는 말을 했는지를 알고 있을까, 그리고 나의 시민성과 '삶'에 대한 나의 사랑이 하나이자 같은 것이라는 사실을 당신은 과연 알고 있을까 하고 나는 자문해 봅니다. 이번 여행은 그것에 대해 깊이 생각해 보는 계기가 되었습니다.

당신도 알다시피, 나의 아버지는 북구적인 기질이셨지요. 청교도 정신에서 유래하는 명상적이고 철저하며 정확한 성품이셨고, 우수에 잠기곤 하셨지요. 불확실한 어느 이국적인 혈통의 어머니는 아름답고 감각적이고 소박한 동시에 게으르고 정열적이며 충동적이며 규율이 없는 분이셨죠. 이러한 혼혈이 특이한 가능성(그리고 특이한 위험성)을 지니고 있다는 것은 의심의 여지가 전혀 없습니다. 이 혼혈에서 생긴 것이 바로 다음과 같은 것이었습니다. 길을 잃고 잘못 예술 세계로 들어가 헤매는 시민, 훌륭한 가정교육에 대한 향수를 지닌 보헤미안, 양심의 가책을 느끼는 예술가였던 겁니다. 나로 하여금 모든 예술성 속에서, 모든 특이한 것과 모든 천재성 속에서 무엇인가 매우 모호한 것, 매우 불명예스러운 것, 매우 의심스러운 것을 알아차리도록 해주는 것은 바로 이 시민적 양심입니다. 그리고 나를 단순한 것, 진심인 것, 유쾌하고 정상적인 것, 비천재적인 것, 단정한 것에 대한 맹목적인 사랑으로 가득 채워주는 것도 바로 이 시민적 양심입니다.

나는 두 세계 사이에 서 있고, 그 어느 세계에서도 고향을 발견하지 못했기 때문에 약간 힘이 듭니다. 당신들 예술가들은 나를 시민이라 부르고, 시민들은 나를 체포하려는 유혹을 느낍니다. 이 둘 중 어느 쪽이 더 나를 힘들고 아프게 하는지는 모르겠습니다. 시민들은 어리석습니다. 그러나 미(美)의 숭배자들인 당신들은, 나를 냉정하다거나 동경이 없다고 말하는데, 당신들이 잊지 말아야 할 것은, 이 세상에는 운명적으로 타고난 예술가 기질이 있다는 것입니다. 그 어떤 동경보다도 일상이 주는 환희에 대한 동경을 가장 달콤하고 가장 느낄 만한 가치가 있는 동경으로 여기는 그러한 예술가 기질이 있다는 겁니다.

나는 위대한, 마적인 아름다움의 오솔길에서 모험을 일삼으면서 '인간'을 경멸하는 그 오만하고 차가운 사람들에게 감탄은 하지만, 그들을 부러워하지는 않습니다. 왜줄 아세요? 만약 어떤 글쟁이를 진정한 작가로 만들 수 있는 그 무엇이 있다면, 그것은 바로 인간적인 것, 생동하는 것, 일상적인 것에 대한 사랑, 즉 나의 이러한 시민적 사랑일 것이기 때문입니다. 모든 따뜻함, 모든 선의, 모든 유머는 이 시민적 사랑으로부터 나옵니다. 그리고 나에게는 이 사랑이 '사람이 인간과 천사의 혀로 말할 수 있다 해도 사랑이 없다면 단지 소리 내는 쇠붙이나 울리는 방울에 지나지 않느니라.'라고 적힌 성경의 사랑 그 자체인 것처럼 여겨진답니다.

지금까지 내가 이룩한 것은 아무것도 아니고, 많지도 않습니다. 사실 아무것도 하지 않은 것이나 같아요. 리자베타, 나는 지금까지보다 더 나은 것을 이룰 것입니다. 이것은 약속입니다. 이 글을 쓰는 동안, 출렁이는 파도 소리가 여기까지 들려옵니다. 그래서 나는 눈을 감습니다. 나는 아직 태어나지 않은, 그림자처럼 아른거리는 한 세계를 들여다보고 있는데, 그 세계는 나에게 어서 빨리 자기들을 정리하고 형상화해달라고 안달입니다. 나는 인간의 형상을 하고 있는 허깨비들을 봅니다. 그들이 나에게 어서 마법을 풀고 자신들을 구원해달라고 손짓하고 있답니다. 그들은 비극적인 허깨비들과 우스꽝스러운 허깨비들이고, 또 둘을 결합한 것들도 있습니다. 나는 이들에게 큰 애정을 가지고 있답니다. 그러나 나의 가장 깊고, 가장 은밀한 사랑은 금발에 파란 눈을 가진 사람들, 밝고 생기 넘치는 사람들, 행복하고 사랑스럽고 일상적인 사람들에게 향하고 있습니다.

리자베타, 이 사랑을 욕하지 마세요. 그것은 선하고 생산적인 사랑입니다. 그 안에는 그리움이 있으며, 우울한 질투와 약간의 경멸 그리고 완전하고도 순수한 행복이 있습니다

예술과 삶은 영원히 화해할 수 없는가?

1929년 노벨 문학상을 수상한 토마스 만 Thomas Mann(1875-1955)은 '20세기 초반의 가장 위대한 독일 소설가'라 평가된다. 그는 독일 북쪽에 위치한 유서 깊은 한자 Hansa 도시 뤼벡에서 곡물상을 하는 대상인의 둘째 아들로 태어났다. 그의 아버지는 네덜란드 영사라는 명예직도 겸하고 있어서 토마스와 형 하인리히는 경제적 어려움 없이 평탄하게 유년 및 소년시절을 보냈다. 그러나 토마스의 나이 17세인 1892년에 아버지가 돌아가시고 가세가 기울면서 그는 김나지움을 그만두고 어머니와 함께 뮌헨으로 이주했다. 그후 그는 작가의 길을 걷게 되고, 역시 작가인 형 하인리히와 함께 몰락한 상인의 집안을 독일의 대표적인 '교양시민 가문'의 반열에 올려놓았다.

토마스 만은 1901년에 25살이라는 믿기지 않는 젊은 나이에 장편소설 《부덴브로크 가의 사람들. 어느 가문의 몰락》을 세상에

내놓았다. 그리고 이어서 1903년 〈토니오 크뢰거〉가 포함된 단편집 《트리스탄》을 출간했다. 히틀러가 집권하고 있는 동안에는 스위스를 거쳐 미국으로 망명했고, 1936년 독일국적을 박탈당했고 1944년에 미국시민권을 취득했다. 그는 말년을 취리히 근교의 킬히베르크에서 지냈다. 그의 대표작을 꼽으라면 선뜻 입이 떨어지지 않을 정도로 그는 우수한 작품들을 많이 썼고, 작심을 하지 않으면 감히 첫 장을 펼칠 엄두를 내기 힘들 정도로 긴 장편들을 썼다. 《마의 산》, 4권으로 구성된 《요젭과 그의 형제들》, 《파우스트 박사》, 《선택된 인간》, 《사기꾼 펠릭스 크롤의 고백》(미완성) 등이 모두 우열을 가리기 힘들 정도의 장편소설들이다.

여기에 소개하는 《토니오 크뢰거》는 두 가지 관점에서 읽을 수 있다. 하나는 토마스 만의 예술관을 읽을 수 있다는 것이다. 다른 하나는 성장소설이라 할 만큼 한 소년이 성장기에 겪는 사랑의 아픔과 정체성 찾기까지의 고뇌를 읽을 수 있다는 것이다. 먼저 그의 예술관을 보기로 하자. 그는 철저하게 자기성찰을 거친 예술을 지향했다. 인간적이고 생동하는 것 그리고 일상적인 것에 대한 사랑, 즉 시민적인 사랑이 없이는 진정한 작가로 거듭날 수 없다는 것이 '시민문학'의 대가라 불리는 토마스 만의 지론이기도 하다. 이와 함께 중요한 내용을 이루는 한 인간의 성장통에서도 역시 시민과 예술가의 대립과 갈등을 읽을 수 있다. 이 단편의 주인공인 토니오는 부와 명예가 있는 명문가문의 아들로 태어나 훌륭한 시민교육을 받지만, 아주 일찍, 그러니까 주변이나 하느님과 일체를 이루며 명랑하게 살아야할 이른 나이에 이미 자기가 주변 사람들과는 다르게 태어났다는 인식을 하고 우울하고 심란한 기분으로 살아야했다. 그는 자기와는 다른 종자인 한스와 잉에를 사랑하는데, 둘 다 지극히 시민적인 유형으로 파란 눈과 금발을 한 소년과 소녀이다. 토니오는 자기와는 너무 다르기에 그들을 사랑했지만, 또 그랬기에 그들의 사랑을 얻지 못한다. 그는 북독일의 전형적 인물에 속하는 아버지가 돌아가시자 고향을 떠나 예술의 본향이라 불리는 남쪽으로 간다. 그러나 그곳에서도 그는 그 어떤 예술인 그룹에도 진입하지 못하고 홀로 작업을 하는 외톨이가 되는데, 이는 그에게 시민적 기질이 남아있었기 때문이다. 그는 애인에게서도 "길 잃은 시민"이라는 소리를 듣게 된다. 이 정의는 시민으로 살아야할 사람이 길을 잘못 들어 예술의 세계로 들어왔다는, 얼핏 듣기에는 토니오의 예술적 본능을 비난하는 말인데, 그는 '안심했다'는 말을 하고 반론을 제기하지 않는다. 그 역시 내적으로는 자신을 이루는 유전자의 하나인 시민적 기질을 인지하고 있었기 때문이다. 30살이 넘어 십여 년 동안 떠나있던 고향을 방문하고 다시 한 번 어린 시절의 친구들을 먼발치에서 본 그는 마침내 정체성 혼란으로부터 어떤 해답을 얻는다. 그것은 다름 아닌 시민적 사랑을 지닌 예술가의 길을 걷겠다는 다짐이다.

　이렇듯 이 단편은 한편으로는 냉혹하리만큼 철저한 예술가의 자세를 논하면서, 다른 한편으로는 가정이나 주변 환경과 어울리지 못하는 인간이 겪는 성장통의 핵심을 아주 잘 표현하고 있다. 이 두 가지 모두 시대와 장소를 넘어서는 의미와 영향력을 지니고 있다 해도 과언이 아닐 것이다. 지금 이 순간에도 우리 주변에는 '다름'으로 인해 고통 받는 많은 이웃들이 있을 테니까.

끝으로 순수한 독자로서 번역에 대해 여러 가지로 충고해주신 유재영님, 그리고 역자의 요구를 다 수용해주신 부북스 사장님께 감사드리는 바이다.

토니오 크뢰거

초판 1쇄 인쇄 2013년 4월 2일

초판 1쇄 발행 2013년 4월 5일

지은이 토마스 만

옮긴이 이온화

발행인 신현부

발행처 부북스

주소 100-835 서울시 중구 신당2동 432-1628

전화 02-2235-6041

팩스 02-2253-6042

이메일 boobooks@naver.com

ISBN 978-89-93785-47-0 04080

ISBN 978-89-93785-07-4 （세트）